スポーツ
バイオメカニクス
20講

阿江通良＋藤井範久
【著】

朝倉書店

まえがき

　本書は，著者らが筑波大学体育専門学群や大学院において過去数年間にわたって行った講義の内容を修正し，加筆してまとめたものである．著者らのバックグラウンドは，それぞれ体育学と工学であり著しく異なっている．しかし，体育・スポーツの指導者はもとより，それを実践する人もスポーツバイオメカニクスの知識をもつことがきわめて重要であるという，共通の理解と信念をもって講義してきた．これは，陸上競技あるいはオリエンテーリングを中心にしながら，さまざまな競技者や指導者，あるいは学生とかかわってきた著者らの経験によるものである．特に，体育・スポーツの指導者は，競技者のみでなく，多くの子どもたちやスポーツ愛好家がそのパフォーマンスを向上させ，障害を経験せず，スポーツを楽しめるよう努めなければならない．それゆえ，指導者は運動を観察し，うまくできない原因を考え，最良の改善方法を見い出す能力，いわゆる問題発見解決能力を身につける必要がある．スポーツバイオメカニクスはそのためには不可欠なものであり，スポーツ技術やトレーニング法の理解力，分析力，そして創造力のための基礎となるものである．

　体育・スポーツを専攻する学生や大学院生のためのバイオメカニクスの教科書をみると，英語圏では，Hay 博士，Winter 博士，Kreighbaum と Barthels の両博士によるものなど名著が多い．一方，わが国をみると，『運動力学』（渋川侃二著，大修館書店），そして『スポーツ・バイオメカニクス入門』（金子公宥著，杏林書院）という名著がある．しかし前者は体育・スポーツ専攻学生の多くが最初に学習する教科書としてはやや程度が高く，後者は入門書として好著であるが，もう少し詳しく知り，スポーツバイオメカニクスを卒論に活用したいと思う学生諸君にはやや不満が残るようである．また最近，『スポーツバイオメカニクス』（深代千之，桜井伸二，平野裕一，阿江通良編著，朝倉書店）が刊行されたが，この書にはスポーツに関するバイオメカニクスの知識が網羅的に記載されているとはいえ，紙面の制限もあり，多くの体育・スポーツ専攻学生が苦手とする力学に関する記述はやや少ないようである．また，内外の好著といわれるものであっても，その多くはスポーツを力学的に解説したもの，研究手

法を説明したものにとどまっている．バイオメカニクス研究の成果から得られた，いわゆるバイオメカニクス的原則や原理についての記述は各著に散見されるものの，それを章として取り上げている教科書はHochmuth博士（旧東ドイツ）の"Biomechanik Sportlicher Bewegungen"を除くとほとんどないようである．そこで，本書では，力学の基礎事項を詳しく述べるとともに，著者らの独自の観点からよい動きを考える場合のバイオメカニクス的知識を選び，それらを原則としてまとめる試みも行った．また学生諸君に必ず課されるレポートや論文の書き方について手短にまとめ，やや進んだ学生や大学院生のために数値計算についても補講で説明した．

　本書がきっかけとなって，運動を論理的に考えられる指導者が育ち，運動のわかる研究者が増え，そして誰もがスポーツを楽しめるようになる，そのお手伝いができれば，著者らにとって望外の喜びである．とはいうものの，著者らの実力不足，勉強不足，理解不足などによって不備，間違いもあると思われる．諸先輩，学生諸君からのご指摘，お教えをいただきながら，よりよいものにしていきたいと思っている．

　最後になりましたが，本書をまとめるにあたり，以下のような多くの方々にお世話になりました．これらの方々に心より感謝致します．

　常に暖かい励ましをいただき，適度なプレッシャーをかけていただいた朝倉書店編集部の皆さん．試験で驚くような高い点をとった学生諸君．不合格点をとり，よく理解できないと叱ってくれた多くの学生諸君．刺激と援助をいただいた筑波大学体育科学系の諸先生とスポーツバイオメカニクス研究室（愛称Lasbim：Laboratory for Sport Biomechanics）の大学院生や学生諸君．多くを教えていただいた金原　勇先生，渋川侃二先生，森脇俊道先生，Cavanagh先生，Nelson先生．そして家族に．

　　　2002年11月

阿江通良
藤井範久

目　　次

第 1 講　スポーツバイオメカニクスとは …………………………………………… 1
第 2 講　身体の力学的特性 …………………………………………………………… 8
第 3 講　身体運動の分析へのバイオメカニクス的アプローチ…………………… 16
第 4 講　身体運動のキネマティクス的表現………………………………………… 23
第 5 講　身体重心とその測定法……………………………………………………… 34
第 6 講　運動と力……………………………………………………………………… 44
第 7 講　運動量と力積………………………………………………………………… 53
第 8 講　投射体の運動………………………………………………………………… 59
第 9 講　運動における力学的エネルギー，仕事，パワー………………………… 64
第 10 講　運動と力のモーメント……………………………………………………… 73
第 11 講　運動と角運動量……………………………………………………………… 79
第 12 講　関節トルクと関節パワー…………………………………………………… 89
第 13 講　流体力 1―空気の力とスポーツ―………………………………………… 97
第 14 講　流体力 2―水の力とスポーツ― ………………………………………… 105
第 15 講　よい動きのバイオメカニクス的原則 1 ………………………………… 112
第 16 講　よい動きのバイオメカニクス的原則 2 ………………………………… 119
第 17 講　よい動きのバイオメカニクス的原則 3 ………………………………… 131
第 18 講　スポーツ用具のバイオメカニクス……………………………………… 139
第 19 講　スポーツバイオメカニクスにおけるコンピュータシミュレーション … 147
第 20 講　スポーツバイオメカニクスの研究と論文……………………………… 154
補 講 1　線形代数の基礎…………………………………………………………… 159
補 講 2　数値計算の基礎…………………………………………………………… 165

索　　引 ……………………………………………………………………………… 173

第1講

スポーツバイオメカニクスとは

1.1 スポーツ科学におけるバイオメカニクス

バイオメカニクス (biomechanics) は，生物あるいは生体を意味するバイオ (bio) と力学 (mechanics) が複合してできた科学である．したがって，バイオメカニクスは，ヒトだけでなく，動物，植物など非常に広範な生物を研究の対象としている．たとえば，関節や骨の変形，血管を流れる赤血球の動き，カンガルーのジャンプ，鳥や昆虫の飛行，風にゆれる木の枝の動き，海底でゆれる海草の動きなども研究の対象となる．このような広範な守備範囲をもつバイオメカニクスは，大きく基礎バイオメカニクスと実践・応用バイオメカニクスに分けられる．基礎バイオメカニクスは，生理学，解剖学，数学，物理学などの基礎科学とのかかわりが大きく，生物にかかわる基礎的課題の究明におもなねらいがある．たとえば，骨や関節の力学的特性，骨格筋の力学的特性などは非常に重要なテーマの一つである．一方，実践・応用バイオメカニクスでは，実践との関連が強く，実践的課題の究明を目指し，問題解決型の研究が主体となる．たとえば，人工関節のバイオメカニクス，陸上競技のバイオメカニクスなどがそれに相当する．

スポーツバイオメカニクス (sport biomechanics) は，スポーツ (sport) とバイオメカニクス (biomechanics) が複合してできたもので，スポーツにおける運動，人，用具・施設のふるまいを力学的観点から研究するスポーツ科学の基礎的領域の一つである．上述したようなとらえ方をすると，筋のバイオメカニクスは基礎バイオメカニクス領域に含まれ，スポーツバイオメカニクスは実践・応用バイオメカニクス領域に含まれる．

スポーツバイオメカニクスでは，体育やスポーツにおける運動や人などが主要な対象となる．そして，「人の動きがどうなっているか」（運動の記述），「なぜそのような動きになるのか．どんな筋力や外力が働いているのか」（運動の原因の説明），「どの

ようにしたら，うまくできるか．よくなるか」（運動の改善や最適化），そして，「こんな動きはできないか．こんなことはできないか」（運動の創造）を常に考えることが重要である．

1.2 スポーツ動作の改善とバイオメカニクス

スポーツの指導は，科学に基づいた芸術であるといわれる．スポーツにおける運動には力学的法則が関与しているので，スポーツの指導，特に技術の指導やトレーニングを効果的に行うには，運動や力の働きを理解することが重要である．

図1.1は，スポーツバイオメカニクスの果たす役割を，スポーツパフォーマンス（一流選手の競技成績のみでなく，体育授業における運動の学習や習熟なども含む）の向上をねらいとするループ（動作の最適化ループと呼ぶ）と関連づけて示したものである．動作を改善するための第一歩は指導者の眼，運動する人の感覚や感じ，さらにVTR

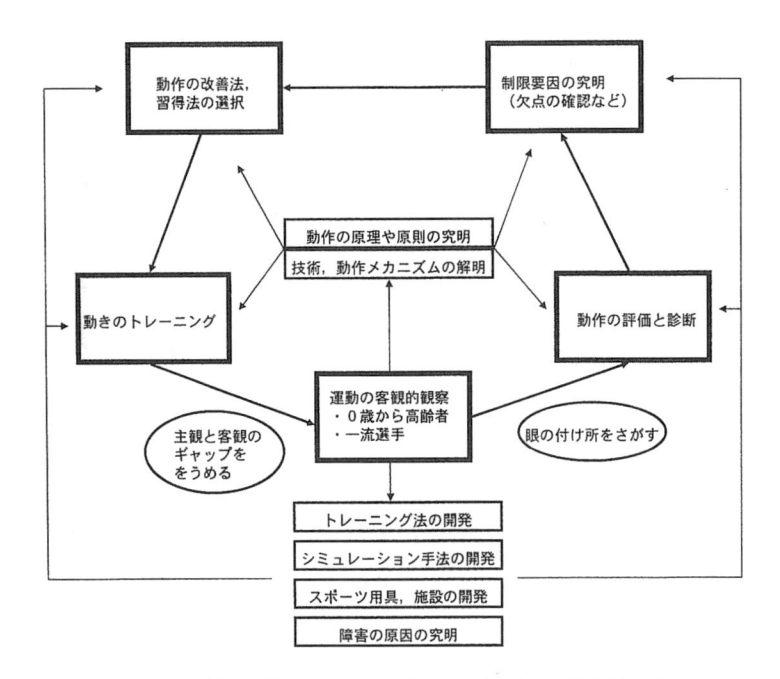

図1.1 動作の最適化におけるスポーツバイオメカニクスの役割
スポーツバイオメカニクスは，スポーツにおける動作の改善に大きく貢献する潜在力をもっている．また，スポーツ技術やトレーニングの理解力，分析力，そして創造力のための基礎となりうるものである．

などの客観的手段などを用いて運動者の動きを観察し，その実態をとらえることである．経験を積んだコーチや指導者の観察眼は即時的・直観的に本質を見抜き，ときには写真や画像などの客観的手段以上の効果を発揮することがある．一方，VTRや各種のバイオメカニクス的計測手法を利用した客観的観察手段には手間ひまかかるが，繰り返し詳細な観察や分析ができるという長所がある．

　次に，運動の観察により得られたさまざまな情報をもとに，運動者の動作をうまい人の動きやモデル的な動きと比較して，あるいは指導者がもっている動作のイメージなどと照らし合わせて，運動者の動作を評価することになる．そして，運動者の動作が適切でない原因，記録を制限している要因，技術的な欠点などを指導者の知識などを動員して究明するであろう．これらの段階でもスポーツバイオメカニクスは，複数あると考えられる制限要因の優先順位をつけたり，制限要因間の関係などを客観的に評価する大きな手助けとなる．

　動作の欠点や制限要因が明らかになると，効果的な練習法やトレーニング法を選択したり必要に応じて考案し，動作の変更を試み，練習やトレーニングを行う．この段階では，スポーツ運動学，トレーニング学，スポーツ方法学などが主役となるが，スポーツバイオメカニクスもトレーニング手段が適切か，トレーニングによって変化した動作が適切かなどを評価するのに役立つ．

　最近では，コンピュータシミュレーション手法が進歩し，動作の変更による結果を予測したり，運動者に最も適した動作を推測し提示すること，高度なスポーツの場合には新しい技や技術の開発などもできるようになりつつある．

　このように，スポーツバイオメカニクスはスポーツにおける動作の改善に大きく貢献する潜在力をもっているし，スポーツ技術やトレーニングの理解力，分析力，そして創造力のための基礎となりうるものである．

1.3　スポーツバイオメカニクスの研究課題と研究法

1.3.1　スポーツバイオメカニクスの課題

　スポーツバイオメカニクスは，バイオメカニクス的手法を駆使して，体育・スポーツ運動を力学的に分析したり，理論的に考察することによって以下のような課題を解決する．

　① 体育・スポーツ運動の力学的特性や力学的メカニズムの究明
　② 運動技術（合理的な動き方）の力学的評価，究明，開発
　③ 発育発達や老化に伴う動作の変容の究明
　④ スポーツ運動の研究から得られた知見の一般化，およびバイオメカニクス的原

則の究明
⑤ 運動の研究法や分析法の開発
⑥ スポーツ施設・用具の設計・開発の支援
⑦ トレーニング法の設計・開発の支援
⑧ 動作，形態，力学的負荷と障害との関係の究明

スポーツバイオメカニクスの研究で得られた知見は，基礎的検証や実践的検証を経て，運動技術や各種動作のメカニズムの究明，動作の原理や原則の究明に至ることもあろう．また，動作の発達や老化に伴う動作の変化をとらえることは，体育授業やスポーツ教育の実践，中高齢者の健康増進プログラムの開発や実践などに役立つ情報を提供する．さらに，効果的なトレーニング法の開発，身体運動のシミュレーション手法の開発，スポーツ施設や用具の設計・開発の支援，スポーツ障害の原因究明や予防にも大いに役立つ．

1.3.2 研究法＝研究のすすめ方＋研究手法

スポーツバイオメカニクスでは，まず研究対象の特徴をモデル化する．スポーツバイオメカニクスで用いられているモデルには，質点モデル，質点系モデル，剛体モデル，剛体系モデル，粘弾性モデル，筋骨格モデルなどがある（第3講参照）．次にバイオメカニクス的手法を用いて測定・分析を行い，バイオメカニクス的原則などを適用して課題を解決することになる．

a. バイオメカニクス的手法

バイオメカニクス的手法には，以下に示すようなものがある．
① キネマティクス（kinematics）的手法：写真，映画，VTR，ゴニオメータ（角度計），時間計測装置，加速度計，ジャイロセンサ，磁気センサなど
② キネティクス（kinetics）的手法：フォースプラットフォーム（force platform,またはフォースプレート（force plate）），張力計など
③ 筋電図的手法
④ コンピュータシミュレーション手法
⑤ 文献的手法
⑥ アンケート調査的手法
⑦ 統計的手法
⑧ その他

図1.2はスポーツバイオメカニクスのおもな研究手法を，ランニングの研究に適用した場合を示したものである．疾走中の走者のフォームを高速度カメラ（16 mm映画カメラや高速度VTRカメラ）で撮影するが，競技会では三次元動作分析法が用い

1.3 スポーツバイオメカニクスの研究課題と研究法　5

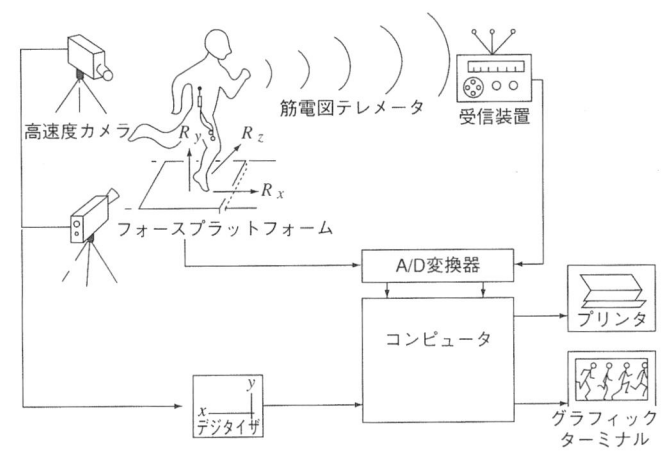

図 1.2 スポーツバイオメカニクスで用いられる典型的な研究手法（ランニングの研究の場合）

疾走中の走者のフォームを高速度カメラで撮影するとともに，筋電図により筋活動をとらえ，フォースプラットフォームにより地面反力を測定する．そして，これらのデータをもとにコンピュータを用いてさまざまな変量を計算する．

られることが多い．また，図 1.3 は画像を中心とした動作分析の流れを示したものである．撮影した画像からデジタイザにより身体の分析点(全身を分析する場合には，20〜25 点) の座標を読み取り，コンピュータに入力して，分析点の位置，速度，さらに身体重心，身体部分や関節の角度，角速度などを計算する．このような分析はキネマティクス的分析と呼ばれる．さらに，被験者に作用する地面反力をフォースプラットフォームで，筋の活動状態を筋電図テレメータで計測し，キネマティクス的分析により得られたデータと組み合わせて関節に作用する力や関節まわりのモーメントなどの内力を推定することもある（キネティクス的分析）．

また，三次元自動動作分析システム，加速度計，ゴニオメータ，ジャイロセンサ，磁気センサなどが利用され，データ収集の省力化，高速化が図られるようになってきている．このほか，数学モデルをコンピュータ内に構築して，計算によって運動の技術やメカニズムを究明するコンピュータシミュレーシュンが新たな手法として確立されている．

b. 研究のすすめ方

これらの手法の著しい進歩に比べて，研究課題をどのようにして解決するか，すなわち，研究のすすめ方の進歩や工夫はまだ十分とはいえないようである．研究のすす

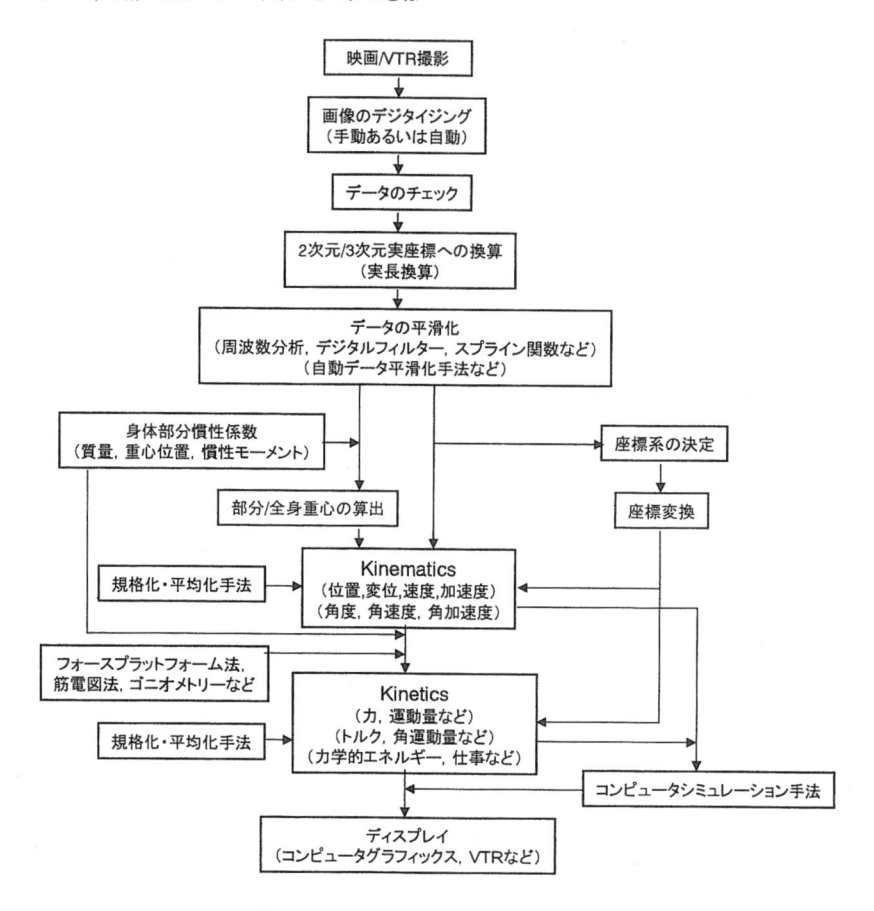

```
                    ┌─────────────────┐
                    │   映画/VTR撮影    │
                    └────────┬────────┘
                             ↓
                    ┌─────────────────┐
                    │ 画像のデジタイジング │
                    │ （手動あるいは自動）│
                    └────────┬────────┘
                             ↓
                    ┌─────────────────┐
                    │  データのチェック  │
                    └────────┬────────┘
                             ↓
                    ┌──────────────────┐
                    │2次元/3次元実座標への換算│
                    │   （実長換算）    │
                    └────────┬─────────┘
                             ↓
                    ┌──────────────────────────┐
                    │       データの平滑化       │
                    │（周波数分析, デジタルフィルター,│
                    │      スプライン関数など）  │
                    │（自動データ平滑化手法など）  │
                    └──────────────────────────┘
```

図1.3 画像を中心とした動作分析の流れ

撮影した画像からデジタイザにより身体の分析点の座標を読み取り，コンピュータ入力して，分析点の位置，速度，身体重心位置，身体部分や関節の角度，角速度などを計算する．さらに筋電図データや力データを加えて総合的に分析する．

め方は研究課題と密接な関係にあるが，例としてよい動きを明らかにするための研究法をあげると，以下のようなものになる．

① スキルレベルの異なる被験者間の比較
② スキルの高い選手の成功および失敗試技の比較
③ 条件の変化に伴う動きの変化の検討
④ 統計的手法による，各種変数とパフォーマンスとの関係の検討（相関係数の計

算,多変量解析の適用)
⑤ よい選手の動きを分類し,その特徴の抽出および力学的検討
⑥ 実験的試技によるデータの理論的検討
⑦ シミュレーション手法(物理的,数学的)による比較・検討
⑧ 理論モデル的方法による検討:例　Hay の定性的分析モデル
⑨ データの規格化・平均化による標準的動作の構築
⑩ 物理的事実と心理的事実の比較・検討:主観的情報と力学的変数との関係

　複雑なスポーツ運動や人の動きを研究し,スポーツ科学におけるスポーツバイオメカニクスの役割を果たすためには,研究のすすめ方に関してさらに多くの工夫が必要であろう.たとえば,球技に関するバイオメカニクス的研究は,投球,パス,キック,シュート,スパイクなど個人的・基礎的動作に着目したものが多い.しかし,球技では,戦術やゲームの流れ,状況などにより基礎的動作が変容されるのが通常である.したがって,③にあげたように状況により動作がどのように変容するか,あるいは変容するとよいのかなどを研究する必要がある.すなわち,球技のバイオメカニクスとは状況による動作の変容を明らかにすることであるといえる.また,運動の実践や指導では,動きのイメージや感じ,動き方の意識などを問題にすることが多い.これらに関しては,スポーツバイオメカニクスの主要な守備範囲ではないが,内的な状況の変化は動きとして表れることが多いので,⑩に示したように主観的情報と客観的情報の突き合わせを行い,研究者自身の運動経験を加味して,その関係を類型化することによって,動きの感じや意識などへのアプローチも可能になると考えられる.これらのことは,スポーツバイオメカニクスがこれから取り組むべき課題の一つである.

第2講

身体の力学的特性

 バイオメカニクス的観点から考えて,「なぜこのような動きになるか」,「どんな動きがよいのか」,「どうしたらもっとよくなるか」,「こんな動きはできないか」などの課題に対する答えを見い出すには,われわれの身体がどのような力学的特性をもつのかを知らなければならない.

2.1 身体の慣性特性

 身体各部の動きは,筋によって発揮された力が骨に作用して生じる.ところが,筋の骨への付着部(モーメントアーム)や質量および慣性モーメントなどは個人によって異なるので,筋力が同じであっても関節を介して外部に発揮される力も異なり,結果としての身体各部の動き,さらには全身の動きに個人差が生じる.

表 2.1 身体部分の質量および慣性モーメント(質量 70 kg の青年男子の場合)(阿江, 1996)

身体部分	質量 [kg]		慣性モーメント [kgm²]					
			横 軸		前後軸		長軸(縦軸)	
	絶対値	相対値	絶対値	相対値	絶対値	相対値	絶対値	相対値
頭 部	4.84	11.5	0.02093	24.1	0.01855	18.0	0.01265	43.6
胴 体	34.24	81.5	1.10810	1273.7	1.17960	1145.2	0.24638	849.6
上 腕	1.89	4.5	0.01081	12.4	0.01036	10.1	0.00256	8.8
前 腕	1.12	2.7	0.00723	8.3	0.00715	6.9	0.00112	3.9
手	0.42	1.0	0.00087	1.0	0.00103	1.0	0.00029	1.0
大 腿	7.70	18.3	0.06885	79.1	0.06427	62.4	0.02599	89.6
下 腿	3.57	8.5	0.02833	32.6	0.02769	26.9	0.00522	18.0
足	0.77	1.8	0.00390	4.5	0.00128	1.2	0.00667	23.0

絶対値は身体質量 70 kg の男子の場合.相対値は手に対する値.質量とは並進運動に対する抵抗の尺度であり,慣性モーメントとは回転運動に対する抵抗の尺度で,これらの値が大きいほど,動かしにくく,回しにくい.

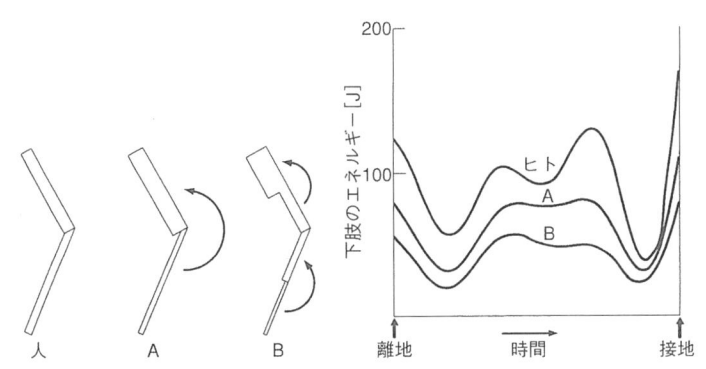

図 2.1 スプリントにおける下肢の形態と力学的エネルギー（吉福, 1990）
人の下肢を振るのに要求されるパワーを 100 とすると，下肢モデル A のパワーは 60，下肢モデル B では 44 に減少するという．このように形態が異なると慣性モーメントが異なり，下肢を動かすためのパワーにも差が生じる．

表 2.1 に示した数値は，質量 70 kg の男子選手の身体部分質量比および部分重心を通る左右軸まわりの慣性モーメントの，絶対値および手に対する相対値である．質量とは並進運動に対する抵抗の尺度であり，慣性モーメントとは回転運動に対する抵抗の尺度（第 11 講を参照）で，これらの値が大きいほど，動かしにくく，回しにくい．

表 2.1 をみると，胴体や大腿の質量と慣性モーメントは手や足に比べてかなり大きいことがわかる．特に，胴体の質量は手の約 80 倍，慣性モーメントは約 800〜1270 倍もあり，胴体は動かしにくく，回しにくい．スポーツの場では，しばしば「体の中心から動け」といわれるが，これは慣性の大きい，動かしにくい部分をまず動かしておくことが重要なことを言い表したものであろう．このように身体の中心部は慣性が大きく動かしにくいが，手や足などの末梢部分は先細り型で，慣性が小さく，動かしやすい．

次に，形態の違いが動きにどのような影響を及ぼすかを短距離走における回復脚のエネルギー変化を例にみてみることにする．図 2.1 の左は形態および慣性特性の異なる大腿と下腿をモデル的に示したもので，左から人の下肢のモデル，下腿の質量の半分を大腿へ移した下肢モデル A，さらに大腿と下腿の質量の半分を中心部へ移した下肢モデル B である．また右は回復局面（足の離地から同じ足の接地まで）における下肢のエネルギー変化を計算して示したものである．この図から，人の下肢ではエネルギーの最大値が大きいばかりでなく，エネルギーの変動も大きいが，下肢モデル B ではエネルギーの最大値，変動ともに小さいことがわかる．この例では，人の下肢を振るのに要求されるパワーを 100 とすると，下肢モデル A のパワーは 60，下肢モ

デルBでは44に減少するという．このように形態が異なると慣性モーメントが異なり，下肢を動かすためのパワーにも差が生じ，さらに腰や膝まわりの筋群への負担にも違いが生じてくる．投球動作や短距離走などのように手先や足先の大きなスピードが要求される運動では，図2.1の下肢モデルBのような先細り型の腕や脚が有利である．

2.2　筋収縮の種類と出しうる力

　ここでは，筋が発揮する力と収縮速度の関係がどのように動きに影響するかを考えてみることにする．

　図2.2は，筋収縮の速度と発揮される力との関係をモデル的に示したものである．正の収縮速度は筋の短縮性収縮（コンセントリックな収縮，concentric contraction）を，負は伸張性収縮（エクセントリックな収縮，eccentric contraction）を示しており，速度ゼロは等尺性収縮（isometric contraction）である．

　図に示したように，短縮性収縮では筋の短縮速度が小さいほど，出しうる力は大きくなるが，短縮速度が大きいと，出しうる力は小さくなる．たとえば，関節の伸展速度が大きく，伸筋群の収縮速度が大きい場合には，伸筋群は大きな力を発揮できないので，さらに腕を大きく加速するのは困難となる．質量の小さいものを押すときには，スピードは出るが，あまり大きな力を発揮できないのはこのような筋の力学的特性に

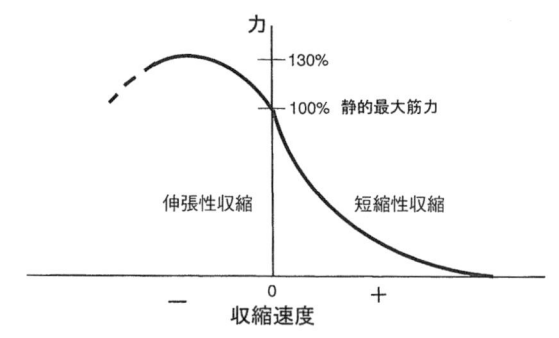

図2.2　骨格筋の力-収縮速度関係（モデル図）
短縮性収縮では筋の短縮速度が小さいほど，出しうる力は大きくなるが，短縮速度が大きいと，出しうる力は小さくなる．一方，伸張性収縮では，筋が引き伸ばされる速度がある程度大きいほうが発揮される力は大きく，その力の大きさは等尺性収縮の場合より約30％大きいといわれている．

よるものである．逆に，手首の速度が大きくても，手首の屈筋群の収縮速度が小さい場合には，手首の屈曲群はまだ大きな力を発揮できる状態にあるので，手先を大きく加速できることになる．このように大きな力を発揮する場合には，筋の収縮速度は小さいほうがよいことになる．

このような筋の力-速度関係は以下のような式(2.1)で表される．またこの式は，力×速度＝パワーの単位をもっているので，パワーを表す式とも考えられる．

$$(F+a)(v+b) = P \qquad (2.1)$$

ここで，F は筋の収縮力，v は収縮速度，a, b, P は常数である．

収縮速度が負（伸張性収縮）の場合には，短縮性収縮とは逆に，筋が引き伸ばされる速度がある程度大きい方が発揮される力は大きく，その力の大きさは等尺性収縮の場合より約30％大きいといわれている．このことは，大きな力を発揮しなければならないときは，筋をあらかじめ伸張させた状態から短縮に移ると，動きの初期から大きな力が発揮できることを意味している．たとえば，跳躍の踏切り前半では股関節や膝関節が屈曲するが，このとき関節の伸筋群は逆に引き伸ばされるので，伸張性収縮によって大きな力を発揮できる．また，打動作や投球動作などにおける胴体のひねりやバックスイングは，主働筋群を引き伸ばすので，動作の初期から大きな力を発揮できる条件を生み出すのに役立つ．

このように運動の主働筋がどのような種類の筋収縮をしているかを考えることは，

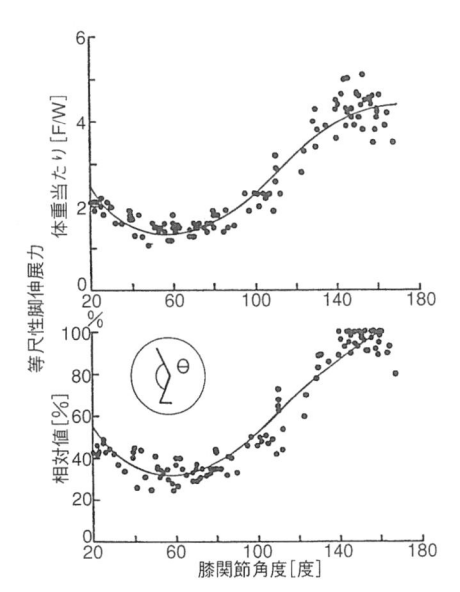

図2.3 膝関節角度と等尺性脚伸展力との関係
（阿江，1982）
関節を介して外部に発揮される力は，関節角度とともに大きく変化する．片脚のスクワット姿勢で発揮される等尺性の脚伸展力（地面を下方に押す力）は，膝関節角度が60度あたりでは約1.5倍と最小になり，膝関節角度が140度以上では体重の4～5倍にもなる．

筋の力学的特性を効果的に利用したり，トレーニング法をデザインする場合に不可欠なことである．

2.3 関節角度と出しうる力

関節を介して外部に発揮される力は，関節角度とともに大きく変化する．図2.3は，片脚のスクワット姿勢で発揮された等尺性の脚伸展力（地面を下方に押す力）と膝関節角度の関係を示したものである．脚伸展力は膝関節角度が20度では体重の約2.5倍であるが，60度あたりでは約1.5倍と最も小さくなる．膝関節角度が大きく（浅く）なると，伸展力は増加し140度以上では体重の4〜5倍にもなる．したがって，膝関節を屈曲することは，大きな力を発揮するためには望ましくないことになる．一流選手の走高跳びや走幅跳びの踏切における膝関節角度は，最大に屈曲した場合で140〜150度であるといわれているが，この角度は脚伸展力が最も大きくなる膝関

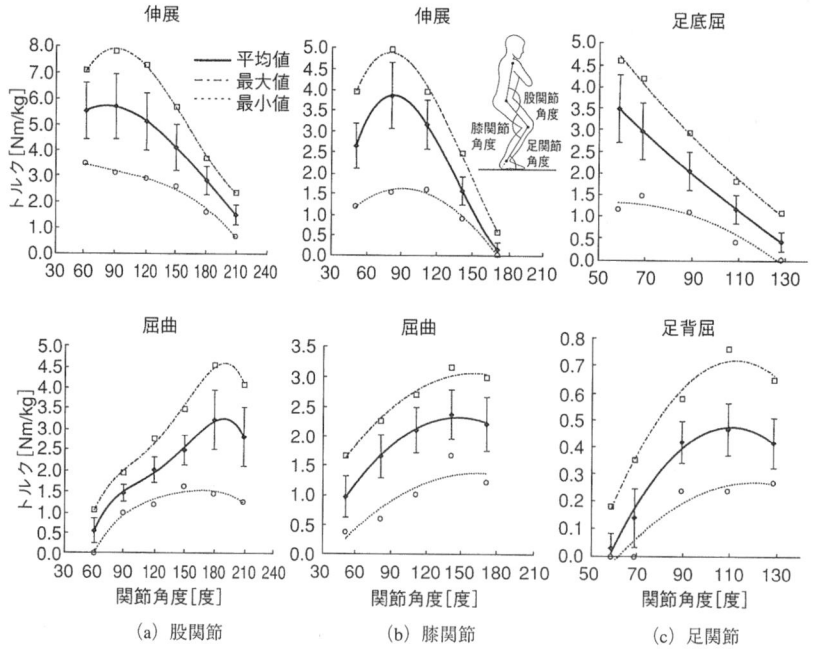

図2.4　下肢関節における関節角度と等尺性関節トルクとの関係（田川，1998）
股関節および膝関節の伸展トルクは屈曲すると大きくなり，屈曲トルクは伸展すると大きくなる．足関節の底屈では足関節角度が小さくなると，底屈トルクは大きくなり，背屈では角度が大きくなると，足背屈トルクが大きくなる．

角度とよく一致している．

　関節角度が変化すると，外部に出力される力が変化するのは，関節まわりのトルクでみた場合でも同様である．図2.4は，股，膝，足の下肢関節における関節角度と等尺性関節トルクとの関係を，被験者の平均値，最大値，最小値について示したもので，関節トルクは体重当たりに換算したものである．股関節および膝関節の伸展トルクは関節角度が小さくなる（屈曲する）と，また屈曲トルクは関節角度が大きくなる（伸展する）と，大きくなる．一方，足関節の足底屈では足関節角度が小さくなると足底屈トルクは大きくなり，足背屈では足関節角度が大きくなると足背屈トルクが大きくなることがわかる．また，関節角度と出しうる力あるいはトルクの変化パターンには個人差があり，これらは筋・腱の特性，筋の骨への付着部位，トレーニングの影響などにより生じると考えられる．

　身体は，多数の関節がつながったものと考えられるので，実際の運動で外部に発揮される力は出しうる力の小さい関節によって制限される．したがって，力の発揮の有効性を高めるには，大きな力の出せる関節から伸展あるいは屈曲し，力の小さい関節の伸展あるいは屈曲のタイミングはなるべく遅らせる必要がある．また，このような観点から考えると，大きな力のいる運動の技術とは，大きな力の出せる関節および関節角度をうまく使う動きであるということもできる．

2.4　身体部分の力学的仕事能と身体の使い方

　大きなスピードで走ったり，速球を投げることは，力学的には，身体やボールにパワーを発揮してエネルギーを与えることである．パワーは単位時間当たりの仕事であるので，このことは，短い時間で大きな仕事（力×距離）をすることである．そして，力と距離の積を筋力と動作範囲の積におきかえて考えると，これは身体各部分のなしうる力学的仕事能を表すと考えることができる．表2.2は身体を大きく上肢，体幹，

表2.2　身体各部の力学的仕事能と運動における役割（概念モデル）

身体部分	出しうる力	動作範囲	力学的仕事能	運動における役割
上　　肢	1	5	5	エネルギーを効果的に使う
体　　幹	5	3	15	エネルギーを蓄える，四肢の運動の土台になる
下　　肢	5	5	25	エネルギーを生み出す

力学的仕事能＝出しうる力×動作範囲，数値はモデル的なものである．下肢は力学的エネルギーの大きな発生源であり，体幹は力学的エネルギーの貯蔵庫で，また上肢と下肢の間で力学的エネルギーの通過点である．そして，上肢は下肢で発揮され，体幹を通過して流れ込んだエネルギーを目的に応じて使う効果器の役割を果たしている．

下肢に分けて考えたときの各部分の出しうる力，動作範囲，力学的仕事能，特性をモデル的に示したものである．

上肢の動作範囲は大きいが，上肢を動かす筋群は小さく，大きな力を発揮することができないので，両者の積である力学的仕事能は小さいと考えることができる．しかし，上肢の慣性は小さいので動かしやすく，神経支配に優れ，器用な動きができるという特性をもっている．

体幹の動作範囲は，上肢に比べるとやや小さいが，体幹，特に胴体の筋群は大きく，大きな力を発揮することができるので，上肢よりもかなり大きな仕事やパワーを発揮することができる．ところが，体幹は大きな慣性をもっているので，動かしにくい．しかし，動き始めると，質量や慣性モーメントが大きいので大きな力学的エネルギーを蓄えることができ，必要に応じて上肢や下肢に力学的エネルギーを伝達したり，吸収したりすることができる．

下肢は，動作範囲も大きく，大きな筋力を発揮できるので，大きな力学的仕事能をもっている．このように下肢は力学的エネルギーの大きな発生源であり，体幹は力学的エネルギーも出せるが，むしろ力学的エネルギーの貯蔵庫であるとともに，上肢と下肢の間にあって，力学的エネルギーの通過点とも考えることができる．そして，上肢は，下肢で発揮され体幹を通過して流れ込んだエネルギーを，目的に応じて使うための効果器の役割を果たしている．陸上競技の投擲，野球，テニスのように上肢が主役のスポーツでも下肢のパワーがパフォーマンスに大きな影響を及ぼすといわれるのは，一つにはこのためである．

2.5 ピストン系の動きとスイング系の動き

たとえば，ランニングの下肢の動きを考えてみると，図2.5に示したようにピストンのように上下に動くピストン系（屈伸系）の動きと，股関節を軸とした振り子のよ

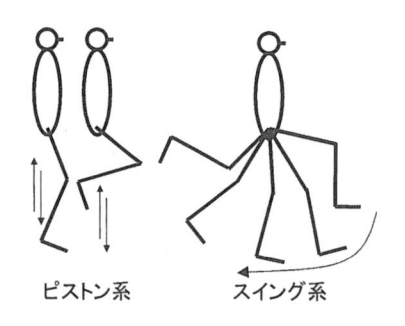

図2.5 下肢にみられるピストン系とスイング系の動き（村木，1982）

ピストン系の動きは，垂直跳びや重量挙げにおける脚のように大きな力が要求される場合，フェンシングやダーツのように正確性が要求される場合にみられる．一方，スイング系の動きは，全速疾走における脚や投球動作における腕のようにスピードの要求される場合に多くみられる．

うな前後へのスイング系(振動系)の動きの二つの基本的な運動によって構成されていることがわかる．また，砲丸投げの腕の動きはピストン系であり，やり投げや野球のピッチングにおける腕の動き，サッカーのキック脚の動きはスイング系とみることができる．

　一般に，ピストン系の動きは，垂直跳びや重量挙げにおける脚のように大きな力が要求される場合や，フェンシングやダーツのように正確性が要求される場合にみられる．一方，スイング系の動きは，全速疾走における脚や投球動作における腕のように，スピードの要求される場合にみられる．実際の運動では，これらの運動要素の組み合わせは運動のねらいや局面などにより変化するので複雑である．しかし，スポーツの技術やトレーニングを考える場合には，ねらいとする動きを構成する運動要素の特性を十分に認識しておくことが重要である．

文　　　献

阿江通良(1982)：高くとぶための跳に関する運動生力学的研究―踏切における身体各部の貢献とメカニズムについて―．筑波大学大学院博士課程体育科学研究科　昭和56年度博士論文

阿江通良(1996)：日本人幼少年およびアスリートの身体部分慣性係数．Japan J. Sports Sci., 15 (3)：155-162

田川政史(1998)：下肢の関節角度と関節トルクおよび力学的仕事との関係．筑波大学大学院修士課程体育研究科　平成9年度修士論文

吉福康郎(1990)：スポーツ上達の科学．講談社ブルーバックス，p.208

〔さらに勉強するために〕

阿江通良(1992)：陸上競技のバイオメカニクス．陸上競技指導教本―基礎理論編―(日本陸上競技連盟編)，大修館書店

村木征人ほか(1982)：陸上競技(フィールド)．現代スポーツコーチ実践講座(大石三四郎，浅田隆夫編)，ぎょうせい

山田　茂，福永哲夫編著(1999)：骨格筋―運動による機能と形態の変化―．ナップ

吉福康郎(1984)：ヒトの運動の特徴―ヒトの運動を力学的観点から見る―．第7回日本バイオメカニクス学会大会論集　走・跳・投・打・泳運動における"よい動き"とは(星川保，豊島進太郎編)，pp.5-17

第3講

身体運動の分析へのバイオメカニクス的アプローチ

運動を効果的に指導するためには，運動者の動きを定性的に評価するだけでなく，定量的かつ客観的に評価する必要がある．このときには，身体運動を力学の用語や変数を用いて表すことが役立つ．本講では，身体運動を力学的に記述する方法や分析法について説明する．

3.1 身体運動のバイオメカニクス的分析法

身体運動を分析する場合には，多種多様な方法があるが，ここではスポーツバイオメカニクスにおける分析法をみることにする．

3.1.1 キネマティクスとキネティクス

a. キネマティクス的分析

歩行やランニングにおけるピッチやストライド，手先や足先の変位や速度，関節角度や角速度など，運動の状態を表すものをキネマティクス的パラメータと呼び，この

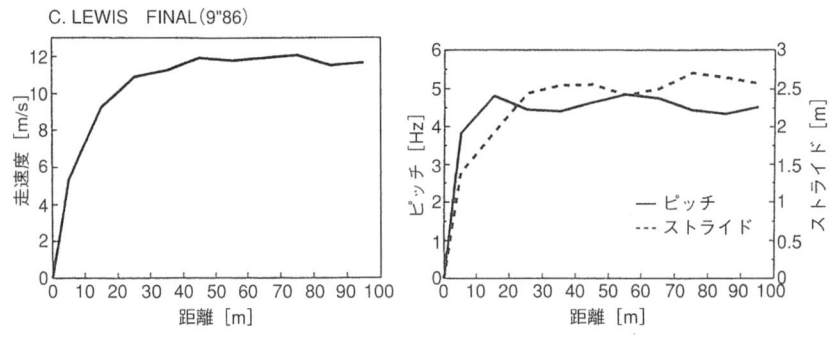

図3.1 世界トップスプリンターの走速度変化とピッチ，ストライド変化（阿江ら，1994）

パラメータに基づく分析をキネマティクス的分析と呼ぶ．キネマティクス的分析は，身体運動の分析を行う場合には不可欠なもので，後で述べるキネティクス的分析の足がかりにもなる．なお，キネマティクス的分析は，動作学的分析，運動学的分析などと呼ばれることもあるが，ここではキネマティクス的分析と呼ぶことにする．

図 3.1 は，世界トップスプリンターのピッチとストライドを示したものである．100 m を全力で一気に走っているようにみえても，ピッチやストライドを調整しながら走っていることがわかる．このようにキネマティクス的分析は，運動を定量化して得られるキネマティクス的パラメータに基づいて動きがどのようになっているか，どんな速度で動いているかなどを知るためのものである．

b. キネティクス的分析

運動についてさらに詳しく分析を行うためには，その運動がどのような力によってひき起こされているのかを検討する必要がある．運動を起こす力，筋力やパワー，また角運動量（慣性モーメントと角速度の積，第11講参照）などをキネティクス的パラメータと呼び，このパラメータに基づく分析をキネティクス的分析と呼ぶ．

キネティクス的分析の代表的なものに，運動中に関節まわりの筋群により発揮された関節トルク（または関節モーメント）を求めるものがある．関節トルクは，運動の発生原因としての筋の発揮張力を探る手がかりの一つである．図 3.2 は，垂直跳びにおける股関節，膝関節，および足関節の関節トルクを示したものである．踏切動作中，各関節は伸展トルクを発揮するが，股関節は離地直前に屈曲トルクを発揮している．これは離地後に股関節が過伸展するのを防ぐためと考えられている．また，関節トルクと関節角速度との積である関節トルクパワーを詳細に分析することによって，ト

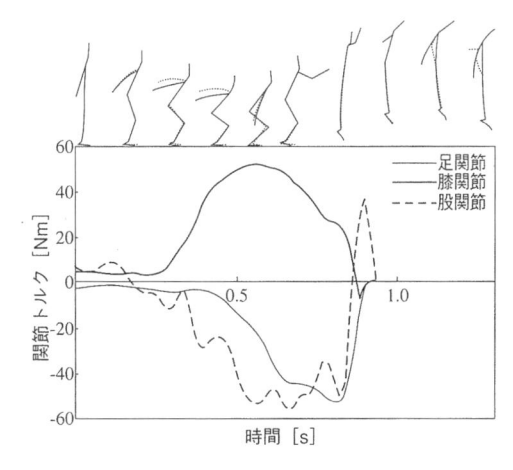

図 **3.2** 垂直跳びにおける関筋トルク
足関節,股関節：負が伸展トルク,
膝関節：正が伸展トルク．

レーニングへの示唆を得ることもできる．このほか，運動中の摩擦力，浮力，揚力，抗力など，身体や用具に作用する力に基づいた分析もキネティクス的分析である．

実際の運動を分析するときには，上述した二つの方法は独立したものではなく，密接に関連しており，キネティクス的分析にはキネマティクス的パラメータが必要であり，またキネティクス的パラメータについて考察するときにはキネマティクス的パラメータが不可欠である．

3.1.2 二次元分析（two-dimensional analysis）と三次元分析（three-dimensional analysis）

身体運動は，三次元空間内で行われている（時間を考慮すると四次元空間になる）．しかし，すべての身体運動を三次元的に分析するのは，分析装置や手法の問題があり，さらに分析作業量も多くなるので能率的とはいえない．

そこで，垂直跳び動作や歩行のように運動が主として矢状面内で行われる運動に関しては二次元運動としてとらえることが多い．その結果，作業量が減少して分析時間の短縮につながる．一方，円盤投げ，野球のバッティングなどのように非対称運動の場合には三次元分析を行う．しかし歩行やランニングにおいても，体幹のひねりなどの運動を詳細に分析する場合には，三次元分析を行う必要がある．すなわち，身体運動を分析する場合，図3.3に示すように，運動の主要な動作面（矢状面，前頭面，水平面）を考慮する必要がある．

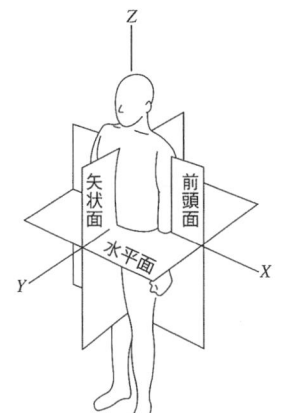

図3.3 運動の主要動作面

矢状面(sagittal plane)：身体を前後に貫く線で鉛直に切った縦断面．無数にある（図のように中央にあるものを特に正中面という）．

前頭面(frontal plane)：矢状面に垂直な縦断面．無数にある．

水平面(horizontal plane)：直立位で地面に平行する横断面（横断面 transverse plane ともいう）．無数にある．

3.1.3 並進運動と回転運動

運動は，大きく並進運動（translation）と回転運動（rotation）に分類できる．図3.4(a)と(b)に示すように，平行移動する場合を並進運動と呼び，ある点のまわりに回転する場合を回転運動と呼ぶ．

身体運動では，並進運動と回転運動が同時に生じている．たとえば歩行動作において，大腿は股関節を中心に，下腿は膝関節を中心に回転運動し，その結果，膝関節は股関節を中心として円運動（circular motion）し，足関節は膝関節を中心とした円運動を行う．しかし，股関節に対して足関節は複雑な並進運動をしている．すなわち，図3.4(c)や(d)に示すように，関節を中心として身体部分が回転運動をし，その複合運動の結果として並進運動が生じている．

身体運動の分析においても，並進運動に着目する場合と回転運動に着目する場合があり，分析対象や目的によってこれらを区別したり，また統合して扱うことになる．

3.2 身体のモデル化

身体運動を解析する場合，足先から指先までの身体部分すべてを対象とすることもできるが，分析時間が膨大になり，また現実的ではない．そこで通常，身体を必要に応じて簡略化し，分析を行う．このことをモデル化（modeling）と呼び，簡略化されたものをモデル（身体モデル）と呼ぶ．図3.5に力学的分析に用いられる種々のモ

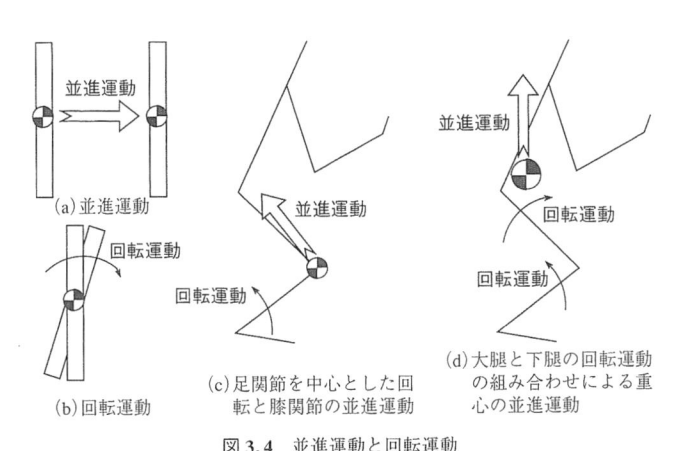

図3.4 並進運動と回転運動
身体運動は，関節を中心とした骨格の回転によって並進運動が生じ，それらの組み合わせによってさまざまな運動を行うことができる．

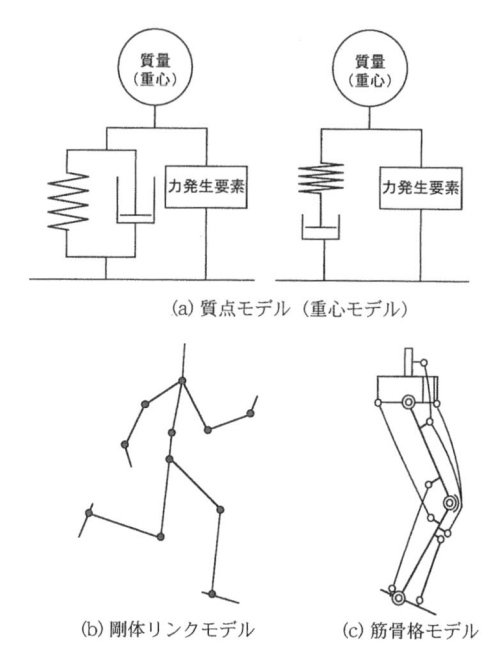

図 3.5 さまざまな身体モデル
分析対象や目的にあわせて，モデルを使い分ける必要がある．

デルを示す．

3.2.1 質点モデル

垂直跳びの場合，地面を蹴ることによって重心を高く空中に投げ上げることが運動課題となる．そこで，身体重心だけに着目して分析を行うことができる．すなわち，図 3.5(a) に示すように，全身を重心点でモデル化し，その位置変化のみを分析することができる．このようなモデルを質点モデル (particle model) と呼ぶ．また，下肢の屈曲・伸展によるジャンプ力を表すために，力発生要素，ばね (弾性要素)，ダンパー (粘性要素) などをモデル化する場合もある．

3.2.2 剛体リンクモデル

身体をいくつかの関節で分割し，各部分を剛体で近似したものを剛体リンクモデル (rigid link model)，骨格モデル (skeletal model)，リンクセグメントモデル (linked segment model) などと呼ぶ．図 3.5(b) は，全身を 15 個のリンクモデルで表したもので，全身の動作を解析する場合によく用いられる．

3.2.3 筋骨格モデル

筋骨格モデル（musculo-skeletal model）とは，図3.5(c)に示すように剛体リンクモデルに力の発生要素である筋を考慮したもので，動作中の筋力の推定や二関節筋の役割を検討する場合などに用いられる．筋骨格モデルを用いる場合にはいくつかの仮定が必要であり，モデルが複雑になるが，剛体リンクモデルに比べて身体の構造を詳細に表しているので，共働筋や拮抗筋などの筋相互の協調関係を明らかにすることもできる．また，近年では二関節筋の役割を明らかにする試みにも筋骨格モデルが頻繁に用いられている．さらに，筋骨格モデルに神経ネットワークや制御モデルを加えて，身体運動の制御則を明らかにしようとする試みもある．

3.3 身体運動の計測方法

ここでは，動作分析を行うために必要な身体特徴点の座標値を得る方法について簡単に説明する．

3.3.1 映像による動作計測方法

19世紀末にMuybridge（イギリス）やMarey（フランス）らが動物や人間の運動の連続写真を作製して以来，この方法は身体の主要な動作分析方法として用いられてきた．これらは運動をフィルムやビデオテープにいったん記録し，記録された映像から関節点や足先などの座標を読み取り座標値に変換する方法で，ビデオグラフィ（videography），ビデオ分析（video analysis），シネマトグラフィ（cinematography）などと呼ばれ，競技会などのように，身体に計測装置を設置できない場合には欠かせない手法である．

近年では，計測点座標の読み取りを手作業で行うのではなく，計測点の色情報や輝度情報に基づいて自動的に座標値を計測する機器も用いられている．これらの装置を用いることによって，作業時間を短縮するとともに，人為的な誤差の混入を減らすこともできる．さらに，コンピュータによる画像処理とパターンマッチング法による動作計測方法も提案されている．

3.3.2 ゴニオメータ法

関節角度を直接計測する装置で，近年では可変抵抗器を用いたもののほかに，導電性ゴムを用いたゴニオメータ（goniometer）も開発されている．角度データを電気信号として直接コンピュータに取り込むため，人為的な計測誤差の混入を防ぐことができる．しかし，身体に装着する必要があるため，装置のずれ，固定法の問題，競技

会などの動作分析には不向き，絶対的な座標値を計測できない，などの欠点もある．

3.3.3 フォースプラットフォーム法

運動中の身体は，体育館の床，陸上競技場のトラックなどと接触し，外力を受けている．このうち，地面と身体の間に生じる力を地面反力（ground reaction forces）と呼ぶ．地面反力は身体重心の加速度と関連があるため，地面反力を測定することで身体重心の動きを推定することもできる．また，ランニングや歩行における下肢の関節トルクを正確に算出するために，地面反力は欠かせないものである．地面反力を測定する装置がフォースプラットフォーム（フォースプレート，地面反力計，床反力計と呼ぶこともある）である．通常に市販されているフォースプラットフォームからは，地面反力ベクトル，フリーモーメントおよびその作用点を算出することができる．

3.3.4 筋電図法

動作中の筋力を直接かつ非侵襲的に計測することは困難である．そこで，筋収縮を制御している電気的信号を測定することで筋力を推定することが行われている．この電気的信号を筋放電（または筋電図，electromyogram：EMG）と呼び，等尺性収縮においては筋放電量と筋力に比例関係があるといわれている．

3.3.5 その他の計測装置

ひずみゲージ（strain gauge）は，スポーツ用具の振動や変形（ひずみ）解析に多く用いられる．また，物体に加えた力とひずみの大きさが比例することを利用して，力センサとして用いられることもある．フォースプラットフォームのなかには，ひずみゲージを用いたタイプもある．

加速度計（accelerometer）は，衝撃的な現象の測定，たとえばランニング時の足や膝などの身体各部位に作用する着地衝撃の測定などに用いられる．しかし，身体運動の分析に用いる場合には，身体への固定方法によって得られる加速度が異なることに注意が必要である．

文　献

阿江通良ほか（1994）：世界一流スプリンターの100mレースパターンの分析―男子を中心に―．世界一流競技者の技術（日本陸上競技連盟強化本部バイオメカニクス研究班編，佐々木秀幸ほか監修），ベースボールマガジン社

第4講

身体運動のキネマティクス的表現

　身体運動を定量的かつ客観的に記述するためには，身体運動を数値で表現することが役立つが，そのためには基準となるものが必要である．その基準の一つが座標系であり，動作分析を行うためにはなくてはならないものである．本講では，動作分析で用いられるおもな座標系と，それを用いて動作を記述する方法について説明する．

4.1　直交座標系による身体運動の記述

4.1.1　直交座標系
　動作分析に用いられる座標系の代表的なものに，直交座標系がある．通常，二次元動作分析では X-Y 軸（Y-Z 軸，Z-X 軸を用いる場合もある）を，三次元動作分析ではそれぞれ直交する X, Y, Z 軸を用いた座標系を基準にするのが一般的である．図 4.1(a) および (b) は，二次元座標系および三次元座標系の例を示している．なお，これらの座標系は一般的に右手系と呼ばれるもので，図 4.1(c) に示すように右手の親指，人指し指，中指をそれぞれ X, Y, Z 軸に見立てたものである．また，特殊な場合には左手系の直交座標系も用いることもできるが，左手系であることを明示しておかないと混乱することになるので注意が必要である．

4.1.2　スカラー量とベクトル量
　一般に，大きさだけを対象にした量をスカラー量（scalar），大きさとその方向を対象にした量をベクトル量（vector）と呼ぶ．たとえば質量，時間，エネルギーなどはスカラー量で，大きさのみを考慮する．他方，速度，力，運動量などはベクトル量で，大きさだけでなくその方向も考慮する必要がある．またベクトル量は式 (4.1) に示すように，複数のスカラー量を用いて表すこともできる．たとえば，図 4.1(d) に示すように二次元のベクトルは 2 方向に分割し，それぞれの方向への大きさを示すことで表すこともできる．なお，以後ベクトル量を太字（ボールド体）で表してスカラー

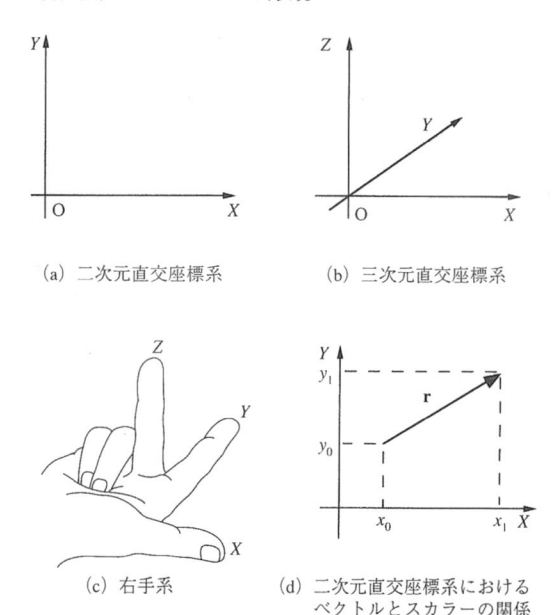

(a) 二次元直交座標系　　(b) 三次元直交座標系

(c) 右手系　　(d) 二次元直交座標系における
　　　　　　　　　　ベクトルとスカラーの関係

図 **4.1**　直交座標系とベクトルのスカラー量による表現

モデルと同様に，分析対象や目的に適した座標系を選ぶ必要がある．

量と区別する．

$$\mathbf{r} = (x_1 - x_0,\ y_1 - y_0) \tag{4.1}$$

4.1.3　座標値，変位，速度，加速度

1) 座標と変位　手先や関節，身体重心の運動を記述するためには，時間とともにその対象となる点の座標値（または座標）を示せばよい．これを時間 t を独立変数として式で表すと，

$$\mathbf{r}(t) = (x(t), y(t), z(t)) \tag{4.2}$$

または，

$$\begin{aligned} x &= x(t) \\ y &= y(t) \\ z &= z(t) \end{aligned} \tag{4.3}$$

で表され，ベクトル量である（これは時刻 t のときの x 座標値が $x(t)$ であることを示しており，他の座標値も同様である）．この座標値は位置を表すベクトル量であることから位置ベクトルと呼ぶこともある．また，ある時間の間に起こった座標値の差

が変位であり，

$$\Delta \mathbf{r} = \mathbf{r}(t_1) - \mathbf{r}(t_0) \tag{4.4}$$

で表され，変位ベクトルと呼ぶこともある（Δは一般的に差を表す記号である）．

実際の運動は連続しているが，動作分析では一定時間間隔（離散時間）で身体各部の座標値を扱うのが一般的である．たとえば，市販のビデオカメラでは，1秒間に30フレーム（60フィールド）の撮影が行われるが，これは1/30秒間隔（または1/60秒間隔）で分析することを意味する．

2） 速度と加速度 ある瞬間に二つの質点が同じ位置にあったとしても，次の瞬間にもそれらが同じ位置にあるとは限らない．これは，それぞれの点の移動方向や速さが異なっているためである．この移動方向と速さを表すために，速度ベクトルを用いる．速度ベクトルは，位置ベクトルを時間で微分することによって求められる．通常の分析では，時刻 t のときの速度は，

$$\dot{\mathbf{r}} = \frac{\mathbf{r}(t+\Delta t) - \mathbf{r}(t-\Delta t)}{2\Delta t} \tag{4.5}$$

という式(4.5)を用いて計算するのが最も簡単な方法である．すなわち，時刻 $t-\Delta t$ から $t+\Delta t$ までに移動した変位（距離）を時間間隔 $2\Delta t$ で割ることで速度を算出することができる．なお，$\dot{\mathbf{r}}$ は，$\mathbf{r}$ を時間で微分したことを示す記号である．さらに，$\mathbf{v}$ を速度を表すベクトル量として，通常の成分を用いて表すと，

$$\dot{\mathbf{r}} = \mathbf{v} = (v_x, \ v_y, \ v_z)$$

$$\begin{aligned} v_x &= \frac{x(t+\Delta t) - x(t-\Delta t)}{2\Delta t} \\ v_y &= \frac{y(t+\Delta t) - y(t-\Delta t)}{2\Delta t} \\ v_z &= \frac{z(t+\Delta t) - z(t-\Delta t)}{2\Delta t} \end{aligned} \tag{4.6}$$

となる．この速度の算出方法，すなわち微分方法については，上記の式以外にもさまざまなものがある（補講2参照）．

さらに，速度ベクトルを時間で微分したものが加速度ベクトル（$\ddot{\mathbf{r}}$）であり，$\mathbf{a}$ を加速度を表すベクトル量として，通常の成分を用いると式(4.7)で計算できる．

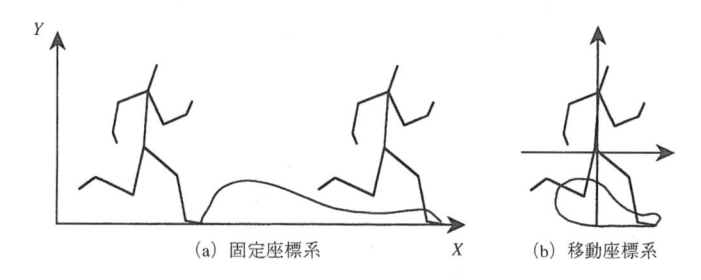

26　第4講　身体運動のキネマティクス的表現

(a) 固定座標系　　　(b) 移動座標系

図 4.2　固定座標系と移動座標系
同じランニング中の足先の軌跡でも，固定座標系と移動座標系によって異なる．

$$\ddot{\mathbf{r}} = \mathbf{a} = (a_x, a_y, a_z)$$

$$a_x = \frac{v_x(t + \Delta t) - v_x(t - \Delta t)}{2\Delta t}$$

$$a_y = \frac{v_y(t + \Delta t) - v_y(t - \Delta t)}{2\Delta t} \tag{4.7}$$

$$a_z = \frac{v_z(t + \Delta t) - v_z(t - \Delta t)}{2\Delta t}$$

4.1.4　静止座標系と移動座標系

　座標，速度，加速度などは，直交座標系を基準に表現する．たとえば，ランニング中の足先の軌跡は図4.2(a)のようになる．これは，地面に固定した座標系を基準に表したものであるが，このような座標系を静止座標系と呼ぶ．これに対して，股関節点を原点にする座標系を考えることも可能である．この場合には運動とともに座標系が移動し，股関節の座標値は常に $(0,0,0)$ になり，足先の運動は図4.2(b)に示すような軌跡を描く．このように，運動中の身体や物体に固定されて，身体や物体とともに移動する座標系を移動座標系と呼ぶ．

4.2　極座標系による身体運動の記述

4.2.1　極 座 標 系

　図4.3(a)に示すように，角度と原点からの距離を用いて表す座標系を極座標系と呼ぶ．一般的に，図4.3(a)に示すような二次元平面においては，原点からの距離 r と X 軸から反時計回り（counter　clockwise）または左回りに測定した角度 θ（シータ）で座標値を表す．この場合，二次元平面で直交座標系での座標値 (x, y) との関

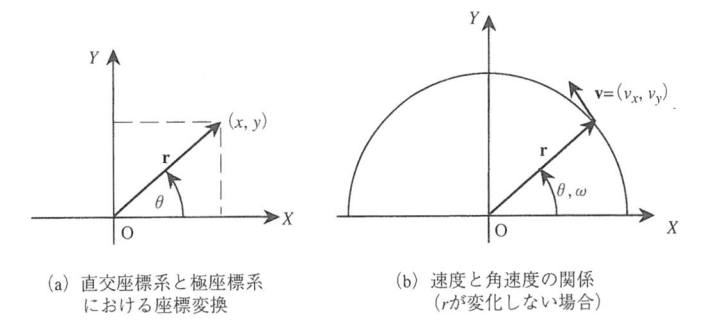

図 4.3 直交座標系と極座標系
それぞれの座標系における座標値，速度，角速度は，相互変換することができる．

係を考えると，

$$x = r\cos\theta$$
$$y = r\sin\theta \quad (4.8)$$

のような関係がある．一般に，身体は関節で連結されたリンク構造をしているので，rは変化しない．その結果として，座標値 (x, y) を一つの変数 θ で表すことができ，身体運動を分析する際には有効なことがある．

4.2.2 角速度と角加速度

直交座標系における速度に対応するものとして，極座標系においては角速度がある．角速度は角度 θ を時間で微分したもので，一般には $\dot{\theta}$ や ω（オメガ）で表す．さらに角速度を微分したものが角加速度で，$\dot{\omega}$ や α（アルファ）で表す．離散時間における分析では，式(4.6)と同様に

$$\omega = \frac{\theta(t + \Delta t) - \theta(t - \Delta t)}{2\Delta t}$$
$$\dot{\omega} = \alpha = \frac{\omega(t + \Delta t) - \omega(t - \Delta t)}{2\Delta t} \quad (4.9)$$

で算出できる．また二次元平面の直交座標系における速度との関係は，式(4.8)を時間で微分したものなので，

$$v_x = \dot{r}\cos\theta - r\omega\sin\theta$$
$$v_y = \dot{r}\sin\theta + r\omega\cos\theta \quad (4.10)$$

で表される．ここで，r を一定であると仮定すると右辺の第1項はゼロとなるので，速度ベクトルの各成分は，図4.3(b)において円弧の接線方向に向かうベクトルとなり，

$$v_x = -r\omega \sin\theta$$
$$v_y = r\omega \cos\theta \tag{4.11}$$

で表すことができる．さらに二次元平面の直交座標系における加速度との関係は，r を一定であると仮定できる場合には，式(4.11)を時間で微分したものなので，

$$a_x = -r\dot{\omega}\sin\theta - r\omega^2\cos\theta$$
$$a_y = r\dot{\omega}\cos\theta - r\omega^2\sin\theta \tag{4.12}$$

で表すことができる．

4.3 三次元空間において回転する直交座標系

4.3.1 回転のベクトル表現

二次元平面における回転を表すために反時計方向とか左回りと表現したが，これらを数学的に表すためにベクトルを用いた定義を行う．図4.4に示すように時計方向に回すと締まるようなねじ（右ねじと呼ぶ）を考える．そこで，ねじを回転させたときに進む方向と同じ方向をもつベクトルを用いて，回転の方向を定義する．またベクトルの大きさは回転（角速度や力のモーメント）の大きさを定義する．

回転のベクトル表示を利用すると，図4.3に示した XY 平面（二次元座標系）での反時計回りの回転は，三次元座標系における Z 軸方向のベクトルで表すことができる．このベクトルを成分で表現すると $(0, 0, \omega)$ となる．このベクトルを用いた表現は，力のモーメントなどにも用いられるもので重要なものである．

4.3.2 速度と角速度の関係

三次元空間における回転ベクトルと速度の関係は，外積と呼ばれるベクトル計算で表される（外積については補講1参照）．図4.5のように，点P (r_x, r_y, r_z) の点が角

図4.4 ベクトルと右ねじの関係
回転の方向を，右ねじの進む方向のベクトルと一致させる．

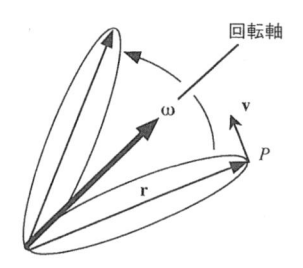

図4.5 位置ベクトルと回転ベクトルによる速度ベクトルの算出

速度 ω ($\omega_x, \omega_y, \omega_z$) の回転をしていた場合,点 P の速度ベクトル v は角速度ベクトル ω と位置ベクトルとの外積として

$$\mathbf{v} = \boldsymbol{\omega} \times \mathbf{r} \tag{4.13}$$

で表される.これを各成分に分けて表示すると,

$$\begin{aligned} v_x &= \omega_y r_z - \omega_z r_y \\ v_y &= \omega_z r_x - \omega_x r_z \\ v_z &= \omega_x r_y - \omega_y r_x \end{aligned} \tag{4.14}$$

となる.先に示した二次元平面における回転の場合は,点 P($r_x, r_y, 0$) が回転ベクトル ($0, 0, \omega_z$) で回転していると考えれば,式(4.15)で速度ベクトルを表現できる.

$$\begin{aligned} v_x &= -\omega_z r_y \\ v_y &= \omega_z r_x \\ v_z &= 0 \end{aligned} \tag{4.15}$$

4.4 三次元空間における剛体の角速度の算出

ここでは三次元空間における剛体の回転角速度を算出する方法について説明する.

4.4.1 単位ベクトルを利用した角速度の算出

図 4.6 に示すように,静止座標系 O–XYZ に対して移動座標系 O–xyz が角速度ベクトル ω で回転している場合を考える.このとき,i, j, k を移動座標系の x 軸,y 軸,z 軸方向の単位ベクトルとして式(4.13)を用いると,

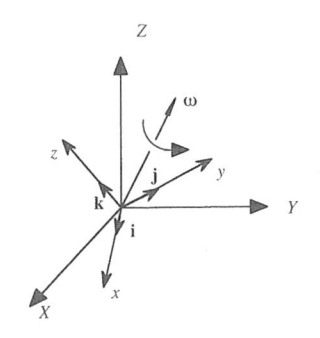

図 4.6 単位ベクトルの微分を用いた角速度の算出
角速度ベクトル ω を求めるために,単位ベクトル i, j, k の微分を用いる.

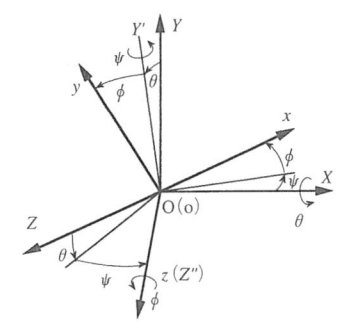

図 4.7 オイラー角を用いた角速度の算出
固定座標系と移動座標系の位置関係を,三つの回転角度で表したもの.

$$d\mathbf{i}/dt = \boldsymbol{\omega} \times \mathbf{i}$$
$$d\mathbf{j}/dt = \boldsymbol{\omega} \times \mathbf{j} \qquad (4.16)$$
$$d\mathbf{k}/dt = \boldsymbol{\omega} \times \mathbf{k}$$

ただし,
$$\boldsymbol{\omega} = \omega_i \mathbf{i} + \omega_j \mathbf{j} + \omega_k \mathbf{k} \qquad (4.17)$$

という関係が得られる. ここで, $\mathbf{k}$ と $d\mathbf{j}/dt$ の内積 (補講 2 参照) を考えると,

$$\mathbf{k} \cdot \frac{d\mathbf{j}}{dt} = \mathbf{k} \cdot (\boldsymbol{\omega} \times \mathbf{j}) = \boldsymbol{\omega} \cdot (\mathbf{j} \times \mathbf{k}) = \boldsymbol{\omega} \cdot \mathbf{i} = \omega_i \qquad (4.18)$$

となり, x 軸まわりの角速度を表すことができる. 同様にして, y および z 軸まわりの角速度は,

$$y \text{ 軸}: \quad \mathbf{i} \cdot \frac{d\mathbf{k}}{dt} = \omega_j \qquad (4.19)$$

$$z \text{ 軸}: \quad \mathbf{j} \cdot \frac{d\mathbf{i}}{dt} = \omega_k \qquad (4.20)$$

で表すことができる. すなわち, 剛体に固定した移動座標系の各軸方向の単位ベクトルを微分することによって, 剛体の角速度を算出することができる.

4.4.2 オイラー角を利用した角速度の算出

図 4.7 に示すように, 静止座標系 O-XYZ を, ①X 軸まわりに θ, ②Y' 軸まわりに ψ, ③Z'' 軸まわりに ϕ だけ回転させたときに, 静止座標系が移動座標系 o-xyz に一致する場合を考える. このとき, 各回転における座標変換行列は,

$$[\phi] = \begin{bmatrix} \cos\phi & \sin\phi & 0 \\ -\sin\phi & \cos\phi & 0 \\ 0 & 0 & 1 \end{bmatrix}$$

$$[\psi] = \begin{bmatrix} \cos\psi & 0 & -\sin\psi \\ 0 & 1 & 0 \\ \sin\psi & 0 & \cos\psi \end{bmatrix} \qquad (4.21)$$

$$[\theta] = \begin{bmatrix} 1 & 0 & 0 \\ 0 & \cos\theta & \sin\theta \\ 0 & -\sin\theta & \cos\theta \end{bmatrix}$$

で表される. これらの行列は逆行列と転置行列が一致するので,

$$\begin{bmatrix} X \\ Y \\ Z \end{bmatrix} = [\theta]^t [\psi]^t [\phi]^t \begin{bmatrix} x \\ y \\ z \end{bmatrix}$$

$$= \begin{bmatrix} \cos\psi\cos\phi & -\cos\psi\sin\phi & \sin\psi \\ \cos\theta\sin\phi + \sin\theta\sin\psi\cos\phi & \cos\theta\cos\phi - \sin\theta\sin\psi\sin\phi & -\sin\theta\cos\psi \\ \sin\theta\sin\phi - \cos\theta\sin\psi\cos\phi & \sin\theta\cos\phi + \cos\theta\sin\psi\sin\phi & \cos\theta\cos\psi \end{bmatrix} \begin{bmatrix} x \\ y \\ z \end{bmatrix}$$
(4.22)

という関係が得られる.また,**I, K, i, k** を,それぞれ X 軸,Z 軸,x 軸,z 軸方向の単位ベクトルとすると,回転角度 θ, ψ, ϕ(この角度を総称してオイラー角(Eularian angles)と呼ぶ)は,

$$\begin{aligned} \psi &= \sin^{-1}(\mathbf{I}\cdot\mathbf{k}) \\ \phi &= \cos^{-1}(\mathbf{I}\cdot\mathbf{i}/\cos\psi) \\ \theta &= \cos^{-1}(\mathbf{K}\cdot\mathbf{k}/\cos\psi) \end{aligned}$$
(4.23)

で表される.このオイラー角の微分値を用いれば,移動座標系 o–xyz の角速度,角加速度は以下の式で表される.

$$\begin{bmatrix} \omega_x \\ \omega_y \\ \omega_z \end{bmatrix} = \begin{bmatrix} \cos\phi\cos\psi & \sin\phi & 0 \\ -\sin\phi\cos\psi & \cos\phi & 0 \\ \sin\psi & 0 & 1 \end{bmatrix} \begin{bmatrix} \dot{\theta} \\ \dot{\psi} \\ \dot{\phi} \end{bmatrix}$$
(4.24)

$$\begin{bmatrix} \dot{\omega}_x \\ \dot{\omega}_y \\ \dot{\omega}_z \end{bmatrix} = \begin{bmatrix} \cos\phi\cos\psi & \sin\phi & 0 \\ -\sin\phi\cos\psi & \cos\phi & 0 \\ \sin\psi & 0 & 1 \end{bmatrix} \begin{bmatrix} \ddot{\theta} \\ \ddot{\psi} \\ \ddot{\phi} \end{bmatrix}$$

$$+ \begin{bmatrix} \cos\phi & -\sin\phi\cos\psi & -\cos\phi\sin\psi \\ -\sin\phi & -\cos\phi\cos\psi & \sin\phi\sin\psi \\ 0 & 0 & \cos\psi \end{bmatrix} \begin{bmatrix} \dot{\psi}\dot{\phi} \\ \dot{\phi}\dot{\theta} \\ \dot{\theta}\dot{\psi} \end{bmatrix}$$
(4.25)

なお,移動座標系 o–xyz の x 軸と静止座標系の X, Y, Z 軸がなす角度をそれぞれ α, β, γ とすると,式(4.23)の右辺に現れる内積式には,

$$\begin{aligned} \mathbf{I}\cdot\mathbf{i} &= \cos\alpha \\ \mathbf{I}\cdot\mathbf{j} &= \cos\beta \\ \mathbf{I}\cdot\mathbf{k} &= \cos\gamma \end{aligned}$$
(4.26)

という関係がある.移動座標系 o–xyz の y 軸および z 軸についても静止座標系との間で同様の関係があり,これをまとめて方向余弦(direct cosine)と呼び,移動座標系と静止座標系の相対位置関係を表す重要なパラメータである.

4.4.3 剛体の方向ベクトルを利用した角速度の算出

上述した方法は,剛体に移動座標系を設定し,移動座標系の運動に基づいて角速度を算出する.しかし競技会における動作を分析する場合,移動座標系の基準となるマークを身体に付けることができないので,移動座標系を設定できないことがある.

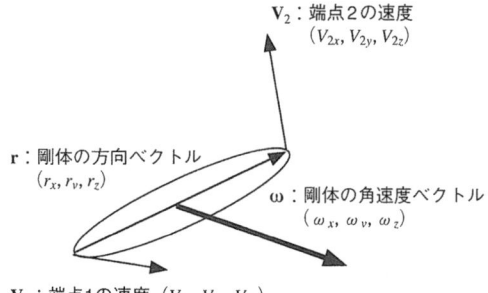

図 4.8 剛体の方向ベクトルと端点の速度ベクトルを利用した角速度の算出
端点の速度ベクトルから剛体の角速度を求める方法．ただし，長軸まわりの角速度を求めることはできない．

このような場合には，簡易的な方法として剛体の方向ベクトル（長軸方向）だけから角速度を算出する方法がある．ただし，この方法では剛体の回旋運動（たとえば前腕の回内・回外動作など）の角速度を算出できないことに注意する必要がある．

図4.8において，

$$\mathbf{V}_2 - \mathbf{V}_1 = \omega \times \mathbf{r} \tag{4.27}$$

である．ここで角速度ベクトルの方向を考えると，

$$\omega = \frac{\mathbf{r} \times (\mathbf{V}_2 - \mathbf{V}_1)}{|\mathbf{r}|^2} \tag{4.28}$$

となる．さらに，式(4.27)の分子の外積計算は，

$$\mathbf{r} \times (\mathbf{V}_2 - \mathbf{V}_1) = \begin{bmatrix} r_x \\ r_y \\ r_z \end{bmatrix} \times \begin{bmatrix} v_{2x} - v_{1x} \\ v_{2y} - v_{1y} \\ v_{2z} - v_{1z} \end{bmatrix} = \begin{bmatrix} \mathbf{i} & \mathbf{j} & \mathbf{k} \\ r_x & r_y & r_z \\ v_{2x} - v_{1x} & v_{2y} - v_{1y} & v_{2z} - v_{1z} \end{bmatrix} \tag{4.29}$$

$$|\mathbf{r}|^2 = r_x^2 + r_y^2 + r_z^2 \tag{4.30}$$

であるので，ωの各成分は式(4.30)で与えられる．

$$\begin{aligned}
\omega_X &= \frac{r_y(v_{2z} - v_{1z}) - r_z(v_{2y} - v_{1y})}{r_x^2 + r_y^2 + r_z^2} \\
\omega_Y &= \frac{r_z(v_{2x} - v_{1x}) - r_x(v_{2z} - v_{1z})}{r_x^2 + r_y^2 + r_z^2} \\
\omega_Z &= \frac{r_x(v_{2y} - v_{1y}) - r_y(v_{2x} - v_{1x})}{r_x^2 + r_y^2 + r_z^2}
\end{aligned} \tag{4.31}$$

なお，式(4.31)で得られる角速度は，静止座標系における角速度であり，式(4.18)〜(4.20),(4.24)は移動座標系における角速度であることに注意が必要である．

第5講

身体重心とその測定法

　スポーツでは,「重心を低くする」や「重心のスムーズな移動」など,さまざまな場面で「重心」という言葉が使われる.また空中では空気抵抗を無視すると,どのような姿勢をとろうとも身体重心は放物運動をする.
　本講では,身体重心の測定方法,キネティクス的分析の際に必要となる身体部分の質量,重心位置,慣性モーメントを算出するための身体部分慣性係数について説明する.

5.1　身　体　重　心

　地球上では,物体を構成する質点は,すべて重力（gravity）によって地球の中心に向かって引っ張られている.重力の大きさは質量に比例し,その比例係数を重力加速度（gravitational acceleration）と呼ぶ.重力加速度は地球上で一定ではないが,標準値として $9.80665 \, \text{m/s}^2$（あるいは ms^{-2}）という値が定められている.一般的にはこれを $9.8 \, \text{m/s}^2$ または $9.81 \, \text{m/s}^2$ として計算する（さらに簡略化して $10 \, \text{m/s}^2$ とする場合もある）.
　身体の各部分に作用する重力を一つにまとめた合力の作用点を身体重心（center of gravity）と呼ぶ.身体重心は,全身の運動を表す代表点であると考えることができる.たとえば,地面反力と身体重心の加速度は比例関係があり（第6講参照）,地面反力から身体重心の運動を求めることができ（第7講参照）,逆に身体重心の運動から身体に作用した力を推定することも可能である.また空気抵抗を無視した場合には,空中ではどのような姿勢をとろうとも,身体重心は放物線を描く.体操やダンスなどでバランスをとる場合には,身体重心が支持面（身体と外界との接地面,たとえば足裏）の鉛直上方になければならない.このように身体重心は,身体運動を分析する際の基礎的情報を与えてくれるものであり,身体の重要な代表点である.なお,重心と類似したパラメータとして質量中心（center of mass）があるが,地球上の重力加速

5.2 身体重心位置の直接的測定（重心板法）　35

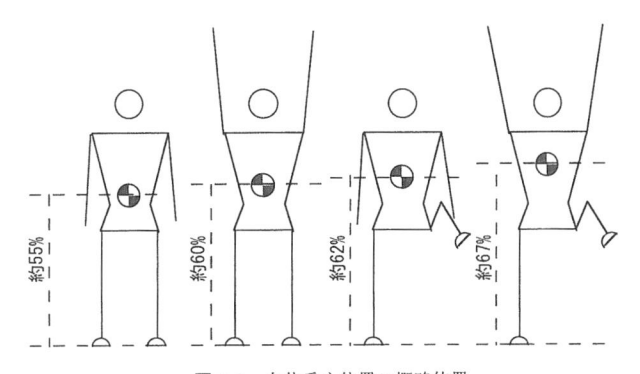

図 5.1 身体重心位置の概略位置

身体重心位置は，姿勢によって変化する．その変化の度合いは，動きが大きいほど，また動かす身体部分の質量が大きいほど，影響が大きくなる．

度が一定であるとすれば，重心と質量中心は一致する．

　身体重心位置は，姿勢によって変化する．その変化の度合いは，動きが大きいほど，また動かす身体部分の質量が大きいほど，影響が大きくなる．図 5.1 に示すように，直立状態では，身体重心は身長の約 54〜56% 程度のところにある．この状態から両腕を上げると約 8 cm（身長の 4〜5%）重心が上がる．また，片脚を曲げて上げると約 10 cm（身長の 6〜7%），両腕を上げる＋片脚を曲げて上げると約 18 cm（身長の 11〜13%）の重心位置変化が起こる．また体を前屈させると，身体重心は体幹と脚の間に位置し，身体の外に出ることになる．

5.2　身体重心位置の直接的測定（重心板法）

　身体を図 5.2 に示すようなてこの棒と考えると，両端で支える力から重心位置を測定することができる．身体重心は重力の代表点であるので，図 5.2 の O 点を支点としてつりあいを考えると，

$$Wl = FL \tag{5.1}$$

という関係がある．ここで，W は体重，l は足から重心までの距離，F は B 点での支持力，L は AB 間の距離である．この関係から，

$$l = \frac{FL}{W} \tag{5.2}$$

として重心位置を求めることができる．

　重心板による測定は，てこのつりあいをもとに測定しているため正確に測定できる．しかしこの方法で運動中の重心位置や身体の一部分の重心位置を知るのは困難である．

図 5.2 重心板法による身体重心の測定

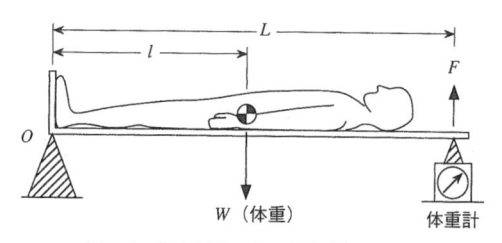

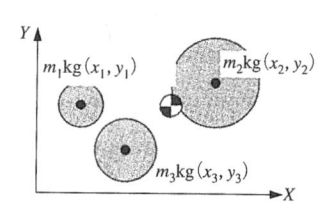

図 5.3 重心位置の計算（3要素モデルの重心位置）

5.3 身体部分慣性係数による身体重心位置の推定

身体重心を求めるほかの方法として，剛体リンクモデルを利用する方法がある．剛体リンクモデルは，先に説明したように身体を関節部で分割し，それぞれを剛体（変形しないもの）におきかえたモデルである．もしそれぞれの剛体リンクの質量と重心位置がわかれば，全身の重心位置を数学的に求めることができる．たとえば，図 5.3 のような三つの物体があるとすると，全体の重心位置は，

$$x_{CG} = \left(\sum_{i=1}^{3} x_i m_i\right) / W \quad [\mathrm{m}]$$
$$y_{CG} = \left(\sum_{i=1}^{3} y_i m_i\right) / W \quad [\mathrm{m}] \quad (5.3)$$
$$z_{CG} = \left(\sum_{i=1}^{3} z_i m_i\right) / W \quad [\mathrm{m}]$$

$$\sum_{i=1}^{3} m_i = W \quad [\mathrm{kg}] \quad (5.4)$$

で計算できる．

このように計算で身体重心位置を求めるためには，身体部分の質量とその重心位置が必要である．しかし，身体の一部分の質量を身体から切り離して直接測定することはできない．そこで，身体質量や部分長からこれらの値を求めるための推定係数が提案されている．表 5.1 は，その計算式や推定値を求める方法をまとめたものである．なお，身体部分の質量，重心位置に加えて，慣性モーメントを身体部分慣性係数（body segment inertia parameters：BSP）と呼ぶ．

BSP は身体重心を推定するために必要なパラメータであるが，それ以外にも，キネティクス的分析を行うために不可欠なパラメータでもある．しかし，BSP は形態に強く依存するため，年齢，性別，人種などにより異なることが指摘されているが，

表 5.1 身体部分慣性係数の測定法（横井，1993）

測定法	測定可能な項目	測定上の仮定	推定可能な慣性係数
屍体標本切断法	体積，質量，質量中心位置，慣性モーメント，密度	屍体で生体と同じ状態	質量，質量中心位置，慣性モーメント
水置換法	体積	部分の密度が既知で，均一	質量，質量中心位置，慣性モーメント
写真計測法（数学モデル法）	体積	部分の密度が既知で，均一	質量，質量中心位置，慣性モーメント
重心測定板法	支持重量，重心位置	質量中心位置および部分の質量比が既知	質量あるいは質量中心位置
急速解放法	身体部分の加速度（加速度計による）	関節の摩擦，拮抗筋群の活動がない	慣性モーメント
物理振り子法，振動板法	振動の周期	長軸まわりの慣性モーメントが小さい	慣性モーメント
放射線照射法，CT法	組織の放射線吸収率（密度）	吸収率が部分の密度に比例	質量，質量中心位置，慣性モーメント
核磁気共鳴映像法（MRI法）	水素イオン濃度	組織の密度が既知	質量，質量中心位置，慣性モーメント

これについては別途説明する．

　身体部分の重心位置が測定できると，運動中の身体の重心位置を推定することができる．一般には，身体を複数個の剛体におきかえた剛体リンクモデルを用いる（図5.4の例では14個）．このモデルをもとに，動作分析法により関節点の座標値を求めて身体部分（剛体）の重心位置を推定する．さらに式(5.3)を用いて全身の重心位置を算出する．このように身体部分慣性係数を用いた場合には，運動中の重心位置を推定することができるという利点がある．

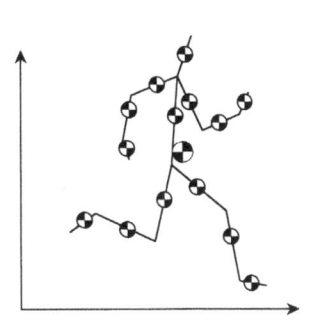

図 5.4　身体14セグメントモデルと身体重心位置推定
身体14セグメントの重心位置から，全身の重心位置を推定する．

5.4　各種の身体部分慣性係数

5.4.1　身体部分慣性係数の算出方法

　表5.2は，身体部分慣性係数の測定例をまとめたものである．身体部分の慣性係数の測定法（表5.1）は，大きく①屍体標本を用いた直接法，②生体標本を用いた間接法，③数学モデルによる方法に分類できる．屍体標本による直接法は，屍体を凍結して切断し，各部分の質量，重心位置，慣性モーメントなどを重心位置測定板（バ

表5.2 身体部分慣性係数の測定例（横井，1993）

報告者	対象標本	年齢(年)	性別	身体質量(kg)	身長(m)	対象セグメント	定数				
							mass	cg	MIx	MIy	MIz
Dempster(1956)	8 cad.	52〜83	M	49〜72	1.59〜1.86	hat,ua,hn,th,s,f	○	○	○	—	—
松井(1958)	9 live		M/F	47〜70	1.51〜1.74	h,t,ua,fa,hn,th,s,f	○	○	—	—	—
Clauserら(1969)	13 cad	28〜74	M	54〜88	1.62〜1.85	h,t,ua,fa,hn,th,s,f	○	○	—	—	—
Chandlerら(1975)	6 cad	45〜65	M	51〜89	1.64〜1.81	h,t,ua,fa,hn,th,s,f	○	○	○	○	○
Zatsiorskyと Seluyanov(1983)	100 live	19〜35	M/F	55〜91	1.68〜1.80	h,ut,mt,lt,ua,fa,hn,th,s,f	○	○	○	○	○
Plagenhoefら(1983)	135 live		M/F			h,ut,ut,mt,lt,ua,fa,hn,th,s,f	○	○	○	○	○
横井ら(1986)	255 live	3〜15	M/F	15〜56	0.97〜1.68	h,t,ua,fa,hn,th,s,f	○	○	○	○	○
Jensen(1989)	12 live*	4〜20	M			h,ut,lt,ua,fa,hn,th,s,f	○	○	○	○	○
松尾ら(1990)	30 live	19〜35	F	41〜72	1.49〜1.70	h,n,t,ua,fa,hn,th,s,f	○	○	—	—	—
SchneiderとZernike(1992)	114 live	1〜18**	M/F	3〜11		ua,fa,hn,th,s,h	○	○	○	—	—
阿江ら(1992)	295 live	18〜24	M/F	39〜96	1.47〜1.98	h,ut,lt,ua,fa,hn,th,s,f	○	○	○	○	○
湯ら(1992)	77 live	19±2	F	53±6	1.62±0.06	h,t,ua,fa,hn,th,s,f	○	○	○	○	○

cad：屍体，live：生体，M：男性，F：女性，hat：頭部，頸部，胴体，h：頭，n：頸部，t：胴部，ut：胸部，mt：腹部，lt：腰部，ua：上腕，fa：前腕，hn：手，th：大腿，s：下腿，f：足．＊：準縦断的計測，＊＊：月齢，mass：質量，cg：重心位置，MIx・MIy・MIz：慣性モーメント．

ランスプレート），物理振り子法などによって測定するもので，よく用いられるものとしてDempster(1955)，Clauserら(1969)，Chandlerら(1975)のものがある．これらは部分質量や慣性モーメント，密度を直接測定したということが最大の利点であるが，測定に用いた屍体標本数が少ないこと，屍体標本の多くが白人男性高齢者のものであることなどから，これらのデータをそのまま日本人に適用するには問題があることが指摘されている．

生体標本を用いた間接法には，部分の体積を測定するための水置換法（あるいは浸水法，immersion technique），急速解放法（quick release method，図5.5），物理振り子法，振動板法，放射線照射法（radiation technique）などが用いられており，最近では核磁気共鳴映像法（magnetic resonance imaging technique：MRI）も導入されつつある．

数学モデルによる方法は，身体部分を特定の形状の剛体とみなし，各部分の質量，

5.4 各種の身体部分慣性係数　39

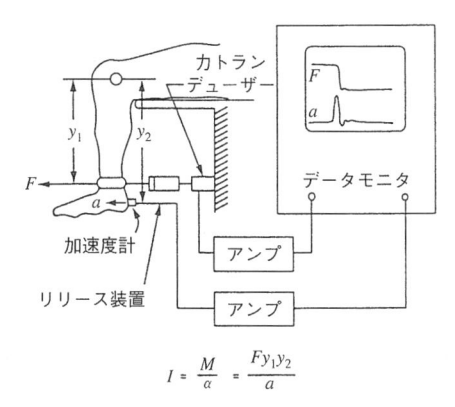

$$I = \frac{M}{a} = \frac{Fy_1y_2}{a}$$

図 5.5 急速解放法による慣性モーメントの測定
　　　　(Winter, 1990)
　F：牽引力，a：加速度．

松井(1958)　　Whitsett (1963)　Hanavan(1964)

図 5.6 各種数学モデル

重心位置，慣性モーメントなどを推定しようとするものである．この方法は，図 5.6 に示すように部分を一つの剛体に近似する方法と，図 5.7 に示すように楕円板の集合体に近似する方法に大別できる．剛体に近似する方法の代表的なものとして，松井の係数（表 5.3）があり，図 5.6 に示すように身体部分を円錐，円柱，球などにモデル化し，日本人青年男女（男子 4 人，女子 5 人）を対象として身体部分の質量，重心位置を求めたものである．他方，楕円板の集合体に近似する方法（積層楕円板近似モデルと呼ぶ）は，写真撮影により各楕円板の体積を求め，身体部分の慣性特性を測定する方法で，特定の剛体に近似する方法に比べて身体形状を正確にモデル化できるが，生体標本を用いた間接法と同様に，身体密度分布を推定する必要がある．

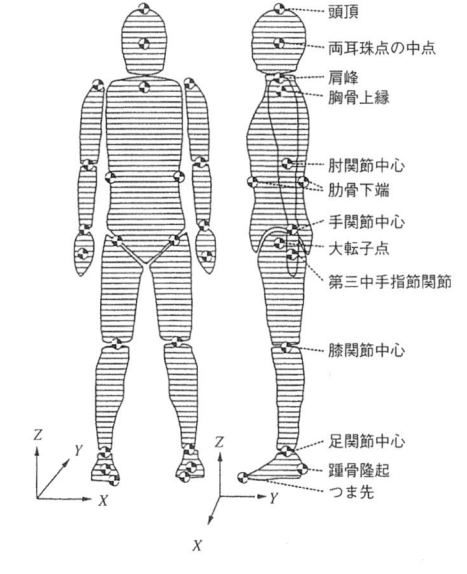

図 5.7 積層楕円板近似モデルおよび身体部分を規定する計測点（阿江ら，1992；岡田ら，1996）

（ラベル：頭頂，両耳珠点の中点，肩峰，胸骨上縁，肘関節中心，肋骨下端，手関節中心，大転子点，第三中手指節関節，膝関節中心，足関節中心，踵骨隆起，つま先）

表 5.3 松井の係数 (1958)

部分	質量比 男	質量比 女	重心位置比 男	重心位置比 女	部分	質量比 男	質量比 女	重心位置比 男	重心位置比 女
頭部	7.8	6.3	46.0	45.0	手	0.9	0.6	50.0	50.0
胴体	47.9	48.7	52.0	52.0	大腿	10.0	11.2	42.0	42.0
上腕	2.7	2.6	46.0	46.0	下腿	5.4	5.4	41.0	42.0
前腕	1.5	1.3	41.0	42.0	足	1.9	1.5	50.0	50.0

5.4.2 各種の身体部分慣性係数の比較

身体部分の体積を求めることは，水置換法を用いれば測定可能だが，すべての慣性係数を正確に測定することはきわめて困難である．動作分析で算出される力学量へ及ぼす影響に対しては，慣性係数に比べて身体運動の計測誤差やデータの平滑化に用いる遮断周波数の影響のほうが大きいといわれている．しかし身体部分の慣性係数は，計測のための数学モデル，屍体標本の切断法，年齢，性別，人種などで異なり，動作分析を行う前にはどの係数を用いるかを十分検討する必要がある．

表 5.4 幼少年の身体部分剛体特性定数の例 (横井ら，1993)

| 部分 | グループ 1 ($n=26$) | | | | | グループ 2 ($n=30$) | | | | |
| | 質量比 (%) | 質量中心比 (%) | 回転半径比 | | | 質量比 (%) | 質量中心比 (%) | 回転半径比 | | |
			kx (%)	ky (%)	kz (%)			kx (%)	ky (%)	kz (%)
頭部	17.2 (1.7)	73.2 (3.5)	45.0 (2.3)	43.3 (2.2)	35.9 (1.7)	16.4 (1.3)	73.4 (3.6)	44.9 (2.4)	43.3 (2.2)	36.2 (2.2)
胴体	47.7 (3.8)	50.6 a (2.0)	35.1 (0.9)	36.2 (1.0)	18.0 (1.0)	47.3 (2.4)	52.3 a (2.3)	35.3 (1.0)	36.3 (1.0)	18.3 (0.8)
上腕	2.4 (0.3)	53.1 (1.8)	27.0 (1.0)	26.8 (1.0)	10.5 (1.0)	2.4 (0.2)	54.1 (2.1)	27.0 (0.9)	26.7 (0.9)	11.0 (0.9)
前腕	1.5 (0.2)	43.9 (3.3)	28.2 (1.3)	28.8 (1.3)	12.0 (0.6)	1.5 (0.2)	44.0 (3.1)	28.7 (1.4)	28.6 (1.5)	12.6 (0.8)
手	0.7 (0.1)	81.9 (8.5)	32.1 (3.2)	33.2 (3.2)	14.8 (2.6)	0.7 (0.1)	81.6 (8.4)	33.4 (3.3)	34.7 (3.3)	16.6 (3.0)
大腿	7.6 (1.6)	48.6 (2.4)	27.2 (1.2)	26.9 (1.1)	13.6 (1.0)	8.0 (1.1)	49.8 (1.5)	26.8 (0.8)	26.5 (0.8)	14.5 (1.2)
下腿	3.7 (0.8)	43.6 (2.3)	28.6 (1.8)	28.5 (2.0)	10.7 (0.9)	3.9 (0.4)	43.6 (2.9)	29.1 (1.4)	29.1 (1.4)	11.5 (0.8)
足	1.6 (0.4)	59.0 b (5.0)	15.2 (4.3)	8.9 (1.5)	14.9 (5.1)	1.7 (0.2)	55.8 b (8.4)	16.3 (5.4)	9.3 (1.7)	16.2 (6.1)

グループ1：年齢3～5歳，カウプ指数1.513未満の男女，グループ2：年齢3～5歳，カウプ指数1.513～1.629の男女．部分質量は身体質量に対する比，質量中心は部分長に対する中枢端からの比，回転半径は部分長に対する比である．a は胸骨上縁から，b は足先からを示す．

a. 幼少年の身体部分慣性係数

横井ら（1993）は，3歳から15歳までの男子132人，女子123人の身体14部分の体積，質量，重心位置，回転半径を積層楕円板近似モデルに基づいて算出した（表5.4）．年齢，性別，そして身長と体重から算出されるカウプ指数（体重/身長^2：kg/m^2）をもとに被験者を18群に分類し，各群に適した慣性係数を示している．

b. 青年の身体部分慣性係数

先に述べたように，松井の係数は慣性モーメントに関する係数が示されておらず，関節トルクを算出するなどのキネティクス的分析を行うには不十分である．また松尾らの係数（1990）も，一般の女性34人について部分質量と重心位置について報告しているが，慣性モーメントが含まれていない．

これに対して，日本人青年アスリートの質量比，質量中心比，質量中心を通る3軸まわりの回転半径比の平均値を男女について示したものがある（表5.5）．これは積

表5.5 日本人アスリートの身体部分慣性係数（阿江ら，1992）

部分	男子 (n=215)		回転半径比			女子 (n=80)		回転半径比		
	質量比 (%)	質量中心比 (%)	kx (%)	ky (%)	kz (%)	質量比 (%)	質量中心比 (%)	kx (%)	ky (%)	kz (%)
頭部	*6.9 (0.7)	*82.1 (4.1)	*47.9 (2.2)	*45.4 (2.1)	*36.3 (1.9)	7.5 (0.9)	75.9 (5.2)	45.1 (2.8)	42.6 (2.4)	35.0 (2.5)
胴体	*48.9 (2.2)	*49.3a (1.6)	*34.6 (0.8)	35.7 (0.8)	*16.7 (0.9)	45.7 (2.5)	50.6a (1.8)	34.3 (0.9)	35.5 (0.9)	17.0 (0.8)
上腕	*2.7 (0.3)	52.9 (1.8)	*26.2 (0.7)	*25.7 (0.7)	10.7 (1.0)	2.6 (0.2)	52.3 (1.7)	26.5 (0.9)	26.0 (0.9)	10.7 (0.9)
前腕	*1.6 (0.2)	*41.5 (2.0)	*27.9 (1.1)	27.7 (1.0)	*11.5 (1.2)	1.5 (0.1)	42.3 (2.2)	27.7 (1.1)	27.5 (1.0)	12.2 (1.2)
手	0.6 (0.1)	89.1 (10.8)	51.9 (6.4)	57.1 (7.0)	31.4 (4.5)	0.6 (0.1)	90.8 (10.2)	52.7 (5.9)	57.3 (6.6)	30.3 (4.6)
大腿	*11.0 (0.8)	*47.5 (1.8)	*27.8 (0.9)	*27.0 (0.9)	*15.2 (0.9)	12.3 (0.9)	45.8 (2.4)	28.5 (1.2)	27.8 (1.1)	15.7 (1.5)
下腿	*5.1 (0.4)	40.6 (1.5)	27.4 (0.9)	27.1 (0.9)	*9.7 (0.6)	5.3 (0.4)	41.0 (1.5)	27.5 (1.0)	27.2 (0.9)	10.2 (0.7)
足	1.1 (0.2)	59.5b (2.6)	20.4 (3.0)	9.9 (1.3)	20.9 (3.1)	1.1 (0.2)	59.4b (2.4)	21.7 (2.6)	10.2 (1.3)	22.2 (2.7)
上胴	*30.2 (1.8)	*42.8c (2.0)	35.0 (1.2)	38.1 (1.5)	*26.6 (1.8)	26.7 (1.8)	43.8c (1.9)	34.9 (1.1)	38.0 (1.4)	27.3 (1.9)
下胴	18.7 (1.5)	60.9d (2.7)	*42.5 (3.0)	47.3 (3.0)	43.5 (3.8)	19.0 (1.8)	59.7d (4.5)	41.1 (2.8)	47.1 (3.1)	44.0 (3.7)

（　）内の数値は標準値を，＊は，男女間の有意差（1%）を示す．aは胸骨上縁から，bは足先から，cは胸骨上縁から肋骨下端の中点，dは肋骨下端の中点から大転子の中点までを示す．部分質量は身体質量に対する比，質量中心比は部分長に対する中枢端からの比，回転半径は部分長に対する比である．詳細な推定係数については，J. J. Sports Sc. 15 (3): 155-162 (1996) を参照．

表5.6 日本人高齢者の身体部分慣性係数（岡田ら，1996）

部分	男性 ($n=90$)					女性 ($n=89$)				
	質量比 (%)	質量 中心比 (%)	回転半径比			質量比 (%)	質量 中心比 (%)	回転半径比		
			kx (%)	ky (%)	kz (%)			kx (%)	ky (%)	kz (%)
頭部	9.1 (1.1)	86.9†⁺ (4.7)	50.7†⁺ (2.8)	52.0†⁺ (3.2)	41.8†⁺ (2.4)	8.8 (1.1)	83.8 (4.0)	48.1 (2.7)	50.2 (2.7)	40.3 (2.2)
胴体	49.7 (2.9)	49.8†⁻ (3.3)	36.8 (2.0)	37.2 (1.9)	19.9†⁻ (2.6)	49.3 (3.3)	51.5 (2.6)	36.8 (1.6)	37.0 (1.6)	21.4 (2.9)
上腕	2.5 (0.3)	54.9†⁻ (1.6)	25.5 (1.3)	25.6*⁺ (0.8)	11.8 (2.0)	2.5 (0.3)	56.9 (2.1)	25.1 (1.8)	25.3 (0.9)	12.4 (2.5)
前腕	1.7*⁺ (0.2)	42.7 (2.1)	28.6 (1.1)	28.6 (1.1)	11.2*⁻ (1.2)	1.6 (0.2)	42.3 (1.9)	28.9 (1.2)	28.8 (1.2)	11.5 (1.3)
手	0.8†⁺ (0.2)	82.0†⁺ (10.1)	54.5 (5.2)	53.7 (5.2)	29.2*⁺ (3.8)	0.6 (0.1)	76.3 (8.5)	53.3 (4.9)	52.5 (4.3)	27.9 (3.7)
大腿	9.2†⁻ (0.8)	48.1*⁺ (2.2)	27.2†⁻ (1.1)	28.3†⁻ (0.9)	17.1†⁻ (1.8)	9.8 (1.0)	47.4 (1.9)	27.7 (1.2)	28.9 (0.9)	18.1 (2.1)
下腿	4.7*⁻ (0.5)	42.3 (1.5)	26.3*⁺ (1.5)	28.4 (0.9)	14.4†⁻ (2.3)	4.8 (0.5)	42.4 (1.8)	25.7 (2.0)	28.4 (0.8)	16.0 (2.6)
足	1.7†⁺ (0.2)	58.1†⁻ (1.8)	23.3†⁺ (0.7)	12.6†⁺ (0.9)	23.5†⁺ (0.8)	1.5 (0.3)	59.1 (2.2)	22.6 (0.9)	12.2 (0.6)	22.9 (0.9)
上胴	28.8†⁺ (2.7)	40.9 (5.2)	41.3†⁻ (2.6)	40.1†⁻ (3.7)	32.7†⁻ (5.3)	26.0 (2.7)	41.7 (3.8)	42.8 (3.0)	41.9 (3.6)	36.2 (5.0)
下胴	20.9†⁻ (2.9)	60.5†⁺ (4.4)	49.2 (4.4)	48.1 (4.2)	48.2 (6.4)	23.4 (2.6)	58.7 (3.7)	49.3 (4.5)	47.8 (4.5)	49.8 (6.3)

*，†印は男女間の有意差を示す（$*p<0.05$，$†p<0.01$，⁺男＞女，⁻男＜女）．（ ）内の数値は標準偏差を示す．部分質量は身体質量に対する比，質量中心比は部分長に対する中枢端からの距離の比，回転半径比は部分長に対する比であり，上腕，下胴，足の質量中心比はそれぞれ，胸骨上縁点，最下肋骨下縁点間の中点，足先からの距離の比である．

層楕円板近似モデルを改良して測定されたもので，被験者が男子215人，女子80人ときわめて多いこと，被験者が青年アスリートではあるが身長の範囲が男子では156.4〜198.1 cm，女子では147.8〜183.2 cm，体重の範囲が男子では51.2〜96.4 kg，女子では39.3〜79.4 kgと広いことなどから，多くの日本人青年男女に適用できる．また，胴体を肋骨下端で上胴と下胴に分けており，胴体のひねりなどの分析にも適用できる．

c. 高齢者の身体部分慣性係数

前述したDempster, Clauserら，Chandlerらの身体部分慣性係数は，おもに高齢者のものであるが，標本数が少なく，すべて白人男性であった．そこで，日本人高齢者の身体部分慣性係数を測定し，年齢，身長，体重，部分長から部分質量，重心位置，慣性モーメントを推定する回帰式を示したものがあり（表5.6），日本人高齢者の身体部分慣性係数を求めるのに適している．

文　献

阿江通良ほか（1992）：日本人アスリートの身体部分慣性特性の推定．バイオメカニズム11（バイオメカニズム学会編），pp.23-33，東京大学出版会

Chandler RF, et al.（1975）：Investigation of inertia properties of the human body. Technical report AMRL-TR-74-137. Wright-Patterson Air Force Base

Clauser CE, et al.　（1969）：Weight, volume and center of mass of segments of the human body. Technical report AMRL-TR-69-70. Wright-Patterson Air Force Base

Dempster WT（1955）：Space requirements of the seated operator. WADC Technical report 55-159. Wright-Patterson Air Force Base

Hanavan EP（1964）：A mathematical model of the human body. AMRL Technical report 64-102. Wright-Patterson Air Force Base

松井秀治（1958）：運動と身体の重心―各種姿勢の重心位置に関する研究―．体育の科学社

松尾彰文ほか（1990）：日本人女性の部分質量と重心位置の検討．東京大学教養学部体育学紀要　24：37-54

岡田英孝ほか（1996）：日本人高齢者の身体部分慣性特性．バイオメカニズム13―ヒトを知り人を支える―（バイオメカニズム学会編），pp.125-138，東京大学出版会

Whitsett CE（1963）：Some dynamic response characteristics of weightless man. Technical documentary report AMRL-TDR-63-18. Wright-Patterson Air Force Base

Winter DA（1990）：Biomechanics and Motor Control of Human Movement. 2 nd ed., pp.64-66, Wiley Interscience

横井孝志ほか（1986）：日本人幼少年の身体部分係数．体育学研究　31：53-66

横井孝志（1993）：剛体リンクモデルのための身体部分剛体特性定数．バイオメカニズム学会誌　17：241-249

第6講

運動と力

　身体を動かすためには，筋が力を発揮する必要がある．また地球上にいる限り重力から逃れることは不可能であるし，高速で運動する場合には空気抵抗などの流体力を無視できない．また水泳では浮力のほかに抗力や揚力を受けるが，これらの力なしには水泳は成り立たない．このようにわれわれはさまざまな力を受けて運動している．本講では，この力という概念を説明するとともに，力のモーメント，つりあい，フリーボディダイアグラムについて説明する．

6.1　力の作用

6.1.1　力の要素

　力（force）を考えるときは，「力の大きさ」，「力の方向」，「力の作用点」という三つの要素が必要である．力はベクトル量であり，「大きさ」と「方向」の二つの要素をもっている．さらに，その力がどこに作用するかが第三の要素である．すなわち，

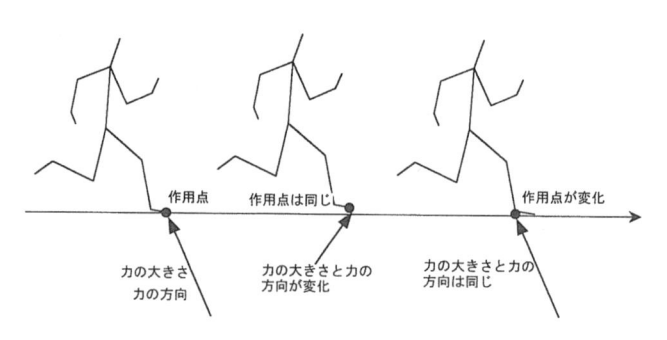

図 6.1　力の三要素

力の大きさ，方向，作用点を力の三要素と呼ぶ．三要素のうち一つでも変化すれば，身体に与える影響が異なる．

6.1 力の作用　45

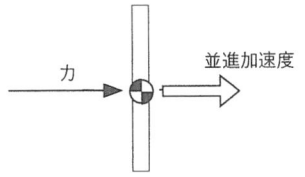

(a) 並進加速度のみが生じる

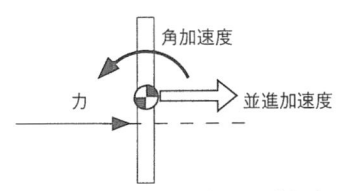

(b) 並進加速度と反時計回りの角加速度が生じる

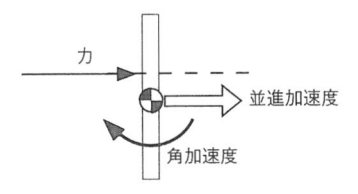

(c) 並進加速度と時計回りの角加速度が生じる

図 6.2　力の作用
力が剛体に作用する場合，作用点によって，並進，回転角速度の生じ方が異なる．

図 6.1 に示すように足に地面反力が作用していた場合でも，大きさ，方向，作用点が異なれば，身体への影響（効果）も異なることになる．また，作用点を通り，力のベクトルと同じ向きの直線を作用線と呼ぶ．

6.1.2　力と力のモーメント

力は，物体を並進させようとする作用をもっているだけでなく，物体を回転させようとする作用をもち，これを力のモーメント (moment of force) と呼ぶ．力のモーメントは，「回転の中心から作用点に向かうベクトル $\mathbf{r}$」×「力ベクトル $\mathbf{F}$」という外積計算で求めることができる

$$\mathbf{M} = \mathbf{r} \times \mathbf{F} \quad (6.1)$$

たとえば，図 6.2 に示すように，力の作用点位置が変化する場合を考える．(a) の場合には，力の作用線が物体の重心を通っているので重心まわりの力のモーメントはゼロになる．この場合には，物体は並進の加速度のみが生じる（加速度の

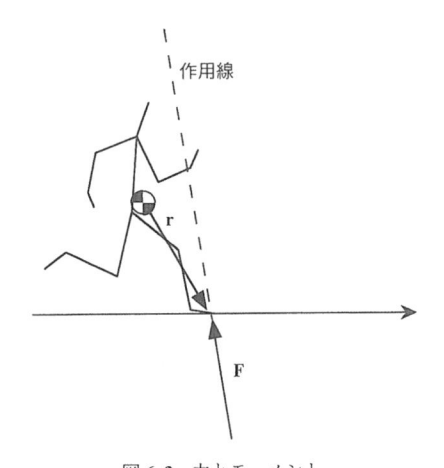

図 6.3　力とモーメント
地面反力の作用線が身体の前方を通過する場合には，身体を後方に回転させる作用（正確には角運動量）が生じる．

大きさについては，6.3節で説明する)．(b)の場合には，並進の加速度は(a)と等しく，同時に反時計回りに回転させる力のモーメントが生じることになる．逆に(c)の場合には時計回りの力のモーメントが生じる．また図6.3のように，身体重心まわりの力のモーメントを考えると，身体が反時計回りに回転するようなモーメントを受けることになる．

6.1.3 外力と内力

身体に作用する力を検討するときに，内力と外力を区別しておく必要がある．運動している身体には，地面反力，空気抵抗力，重力などが作用する．これらは身体にとっては外力である．一方，筋力や関節面での接触力などは内力といい，身体全体（剛体系）の重心の運動には影響を及ぼさない．

6.2 静的なつりあい

静止している身体に対して力や力のモーメントがつりあっている場合，身体はその静止状態を保つ．これを静的なバランスがとれていると呼び，平均台の上でのバランスなどが代表的な例である．

6.2.1 フリーボディダイアグラム

力の身体への影響を考える際には，身体に作用する力や力のモーメントのベクトルを図示することが役立つが，これをフリーボディダイアグラム（free body diagram：FBD）と呼ぶ．図6.4は，フリーボディダイアグラムの例を示したものである．たとえば，図6.4(a)は走動作中の身体に作用する重力，地面反力，空気抵抗を示したもので，身体重心はこれらの外力によって運動が決まる（身体のように身体部分が関節でつながっている場合には，発揮する筋力によって身体部分の相対関係が変化するが，身体重心の運動はフリーボディダイアグラムで示した力によって決まる）．

また，剛体リンクモデルのフリーボディダイアグラムを考え，それぞれの剛体要素に対して作用する力や力のモーメント（関節トルク）を考慮し，部分の運動方程式を導出することによって身体内部に作用する力や力のモーメント（または関節トルク）を推定できる．さらに，筋の付着位置がわかり，筋放電により筋の活動状態を知ることで，筋が発揮している力や関節面の接触力を推定できる．

6.2.2 力ベクトルの合成と力のつりあい

身体に複数の力が作用しているときに，これらの力を一つの力におきかえること，

6.2 静的なつりあい　47

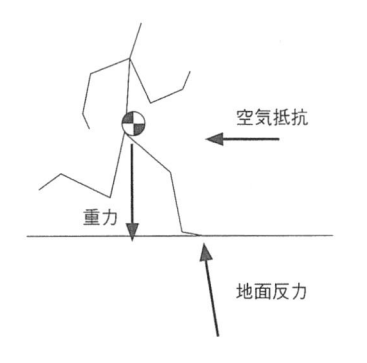

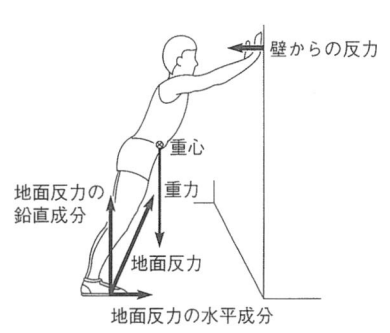

(a) 走動作中のフリーボディダイアグラム

(b) 壁を押しているときのフリーボディダイアグラム

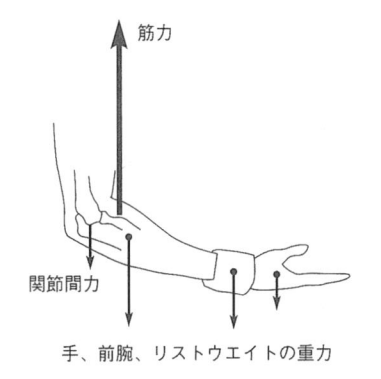

(c) 筋力を考慮したフリーボディダイアグラム

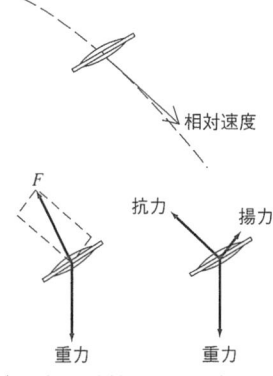

(d) 飛行中の円盤のフリーボディダイアグラム

図 **6.4**　種々のフリーボディダイアグラム

すなわち，複数の力を合成する方法について説明する．

　図 6.5(a) に示すように一つの物体に二つの力が作用している場合を考える．力のベクトルはその作用線上で移動させても，力の効果は変化しない．そこで，はじめにそれぞれのベクトルの作用線の交点を求める．次に，ベクトルの始点が交点にくるようにベクトルを移動させる．最後にベクトルの和を求める．このようにして，はじめの二つの力を，交点に作用している一つの力ベクトルに合成することができる．

　ここで，合成した力ベクトルが，ゼロベクトル（大きさがゼロのベクトルで，方向ももたない）になる場合に，力のバランスがとれていることになる．たとえば図 6.5(b) の場合，力ベクトルを合成していくとゼロベクトルになり，バランスがとれていることがわかる．これを式で表すと，以下のようになる．

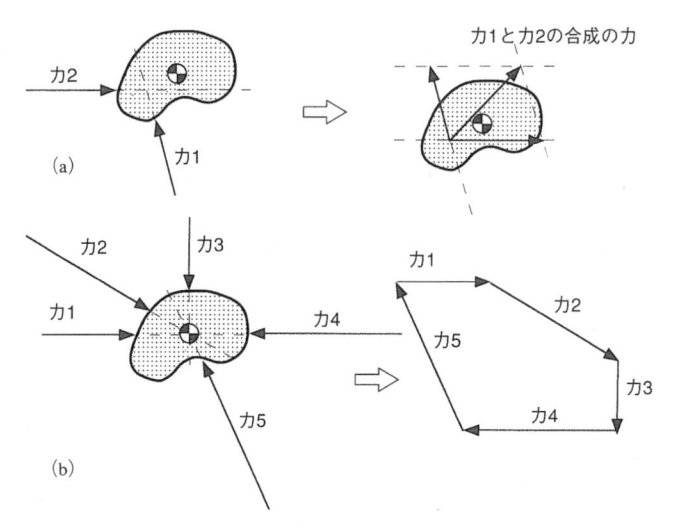

図 6.5 力の合成とバランス
複数の力ベクトルを合成したものがゼロベクトルになる場合((b)では力1の始点と力5の終点が一致)，バランスがとれている．

$$\sum \mathbf{F} = 0 \qquad (6.2)$$
$$\sum \mathbf{r} \times \mathbf{F} = 0 \qquad (6.3)$$

6.2.3 偶　　力

図 6.6 に示すような，力の大きさは同じで，方向が反対の二つの力が作用している場合を考える．このような力を偶力（couple forces）と呼ぶ．偶力は，力のモーメントに関する効果（回転効果）だけをもち，並進運動に関する効果をもたない特別な力である．

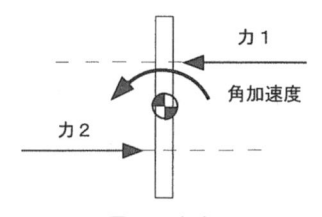

図 6.6 偶力
力の大きさが同じで，方向が反対のベクトルの組を偶力と呼ぶ．この場合，剛体には角加速度のみが生じ，重心の並進加速度は生じない．

$$\sum \mathbf{F} = 0 \tag{6.4}$$
$$\sum \mathbf{r} \times \mathbf{F} \neq 0 \tag{6.5}$$

6.3 ニュートンの運動の法則

　地面を蹴って走ったり，ジャンプしたり，ボールを投げるなどの運動を力学的に分析するための基本法則として，「運動の三法則」(laws of motion) または「ニュートンの三法則」(Newton's law) と呼ばれる法則がある．
　（1）　慣性の法則（第一法則）：「物体は外からいかなる作用（力）も受けないとき，静止しているか，等速運動を続ける」
　静止している物体が動き出すためには，力を加える必要がある．いいかえると，静止している物体は，力を加えない限り静止状態を維持する．また，力を加えて動き出してしまうと，逆方向の力を加えない限り静止させることはできない．また力を加えていない状態では，物体はそのままの方向と速さで運動を続ける．
　（2）　加速度の法則（第二法則）：「物体に力 $\mathbf{F}$ を加えた場合，その加速度 $\mathbf{a}$ は質量 m に反比例する」
　これは，加えた力と加速度の関係を表すもので，一般には
$$\mathbf{F} = m\mathbf{a} \tag{6.6}$$
という式で表現される．第一法則（慣性の法則）では，力を受けなければ等速運動または静止状態を続けることを示しているが，第二法則は力を受けた場合の運動の変化の様子（加速度）を表している．この式から，加速度は力ベクトルに比例し，その比例係数が質量であることがわかる．さらに，この法則を拡張すると，第7講で説明する運動量と力積の関係を導出できる．
　式(6.6)で示される第二法則は並進運動について表したものであるが，二次元平面での回転運動においては，力のモーメント M と角加速度 α の間には，式(6.7)に示すような関係がある．比例係数である慣性モーメント I を介して，
$$M = I\alpha \tag{6.7}$$
という関係がある．式(6.7)の M は式(6.6)の $\mathbf{F}$，I は m，α は $\mathbf{a}$ に相当することがわかる．なお，三次元空間における回転運動の運動方程式については，角運動量と角力積の関係式を導く必要があり，第10講，第11講で説明する．
　（3）　作用・反作用の法則（第三法則）：「二つの物体が互いに力を及ぼし合うとき，一方に作用する力は他方に作用する力と大きさが等しく，向きは反対である」
　このことから，作用だけが存在する力はありえないことがわかる．また，力の方向が鉛直方向であるといった場合に，身体に作用する力について述べている（この場

合,地面に作用する力が反作用になる)のか,地面に作用する力について述べているのかを明確にする必要がある.

6.4 求心力とコリオリ力

物体がある点を中心に回転しているときには,求心力(centripetal force)やコリオリ力(Colioris force)という仮想的な力(見かけの力)を記述することができ,これらの力は,回転座標系を用いると簡便に表示することができる.

図6.7に示すハンマー投げ選手と,それとともに角速度ωで回転している回転座標系を考えると,静止直交座標系におけるハンマーの加速度$\mathbf{a}_{abs}$と回転座標系におけるハンマーの加速度$\mathbf{a}_{rel}$(いいかえると,選手から見たハンマーの加速度)の間には,

$$\mathbf{a}_{abs} = \mathbf{a}_{rel} + \dot{\omega} \times \mathbf{r} + \omega \times (\omega \times \mathbf{r}) + 2\omega \times \mathbf{v}_{rel} \qquad (6.8)$$

の関係がある.ここで,$\mathbf{v}_{rel}$,$\mathbf{a}_{rel}$は回転座標系におけるハンマーの速度および加速度である.

運動の第二法則を式(6.8)にあてはめてみると,式(6.8)の右辺第3項に質量を乗じたものを求心力と呼び,半径方向(ハンマー方向)内向きに作用する.一般には,求心力の大きさを

$$F = mr\omega^2 \qquad (6.9)$$

で表すことがよくある.ここで,ワイヤーの長さと角速度が一定としてこの運動を回転座標系からみた場合,すなわち選手の目から見た場合には,ハンマーは静止しており,加速度はゼロである.ここで静止直交座標系における第二法則をそのまま用いると,ハンマーに作用する力はゼロになる.しかし,選手はハンマーが飛んでいかないようにワイヤーに力を加えなければならない.見方を変えると,回転座標系でみる場合,ハンマーには式(6.9)で表される求心力が作用していることになる.また,ハンマーには,求心力と大きさが同じで方向が逆の仮想的な力

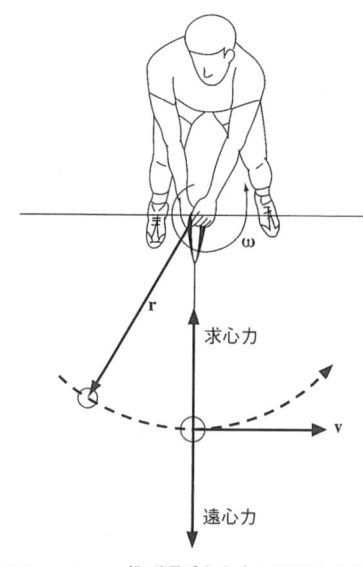

図6.7 ハンマー投げ選手とともに回転する座標系 選手にとってはハンマーの位置は変化しないので運動方程式に従えば力は生じていないことになるが,回転座標系では遠心力を導入しなければ運動方程式が成り立たない.

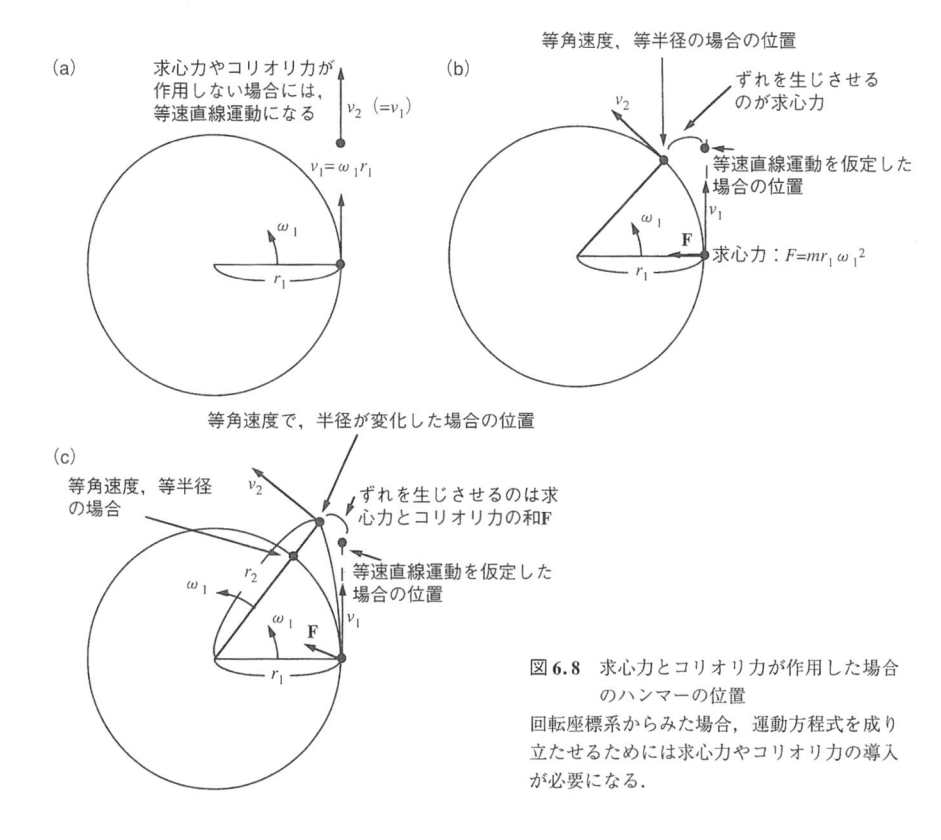

図 6.8 求心力とコリオリ力が作用した場合のハンマーの位置
回転座標系からみた場合,運動方程式を成り立たせるためには求心力やコリオリ力の導入が必要になる.

が作用していることになり,これを遠心力(centrifugal force)と呼ぶ.

また,式(6.8)の右辺第4項に質量を乗じたものをコリオリ力と呼ぶ.コリオリ力の理解を容易にするために,図6.8(c)に示すように一定の角速度を維持しながらワイヤーの長さが変化した場合を考える.静止座標系でみた場合には,ハンマーは半径方向に移動すると同時に接線方向の速度が増加する.一方,回転座標系からみた場合,すなわち選手の目から見た場合には,ハンマーが半径方向に移動したこと,いいかえると,ハンマーが選手から遠ざかっていくことになる.また,接線方向については,回転座標系においては速度変化はみられず,選手の目から見た場合には,ハンマーは常に同じ方向にあり,左右方向には移動しない.しかし,ハンマーを選手の目の前にとどめておくためには,選手は接線方向(左右方向)に

$$F = 2m\omega v_{rel} \tag{6.10}$$

の力を加えなければならない.すなわち,回転座標系でみた場合,ハンマーには式

(6.10)で表される仮想的な力，すなわちコリオリ力が作用していることになる．

このように，求心力（または遠心力）とコリオリ力は，回転座標系を用いる場合に，静止直交座標系の第二法則だけでは説明できない仮想的な力を説明するものである．動作分析を行う際に，静止座標系を用いるか，回転座標系を用いるかについては，対象とする運動に合わせて考える必要があり，回転座標系を用いる場合には，求心力とコリオリ力を考慮する必要がある．

第7講

運動量と力積

ニュートンの第二法則は，ある時刻における力と加速度との関係を示したものである．しかし，ある時間が経過したときの運動の変化を分析の対象にする場合には，運動量と力積の関係を考える必要がある．

7.1 運動量と力積

7.1.1 運動量
運動の第二法則を表す式(6.6)の右辺の「質量と加速度の積」を時間で積分したものを考える．身体運動を考えた場合には，質量は一定であると仮定できるので加速度のみを考え，これを時間積分すると速度になる．その結果として得られた質量と速度の積を式で表せば，

$$\mathbf{p} = m\mathbf{v} \tag{7.1}$$

となり，これを運動量 (momentum) と呼ぶ．運動量は運動中に物体がもつ勢いを表すもので，単位は [kgm/s] である．図7.1に示すように，質量 m の物体が速度 $\mathbf{v}$ で飛んでいる場合の運動量と，質量 $2m$ の物体が速度 $\mathbf{v}/2$ で飛んでいる場合の運動量は同じである．なお，運動量はベクトル量である．

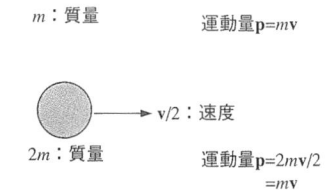

図7.1 運動量
質量と速度ベクトルの積で表される．

7.1.2 力積
力がある時間作用した場合を考え，運動方程式の力ベクトルを時間で積分したものは，

$$\mathbf{L} = \int_{t_1}^{t_2} \mathbf{F}(t)\,dt \tag{7.2}$$

で示され，この力学量を力積（impulse）と呼ぶ．これは，力ベクトルが一定ならば，力と作用時間 Δt をかけて

$$L = F\Delta t \tag{7.3}$$

と表すこともできる．力積は，ある時間内に作用した力を積分したベクトル量であり，単位は，[Ns] である．

7.2 運動量-力積関係

7.2.1 運動量保存の法則

時刻 1 および 2 における運動量をそれぞれ p_1，p_2，時刻 $1(t_1)$ から時刻 $2(t_2)$ までに作用した力積を L とすると，図 7.2 に示すように運動量と力積の間には，

$$L = \int_{t_1}^{t_2} F(t)\,dt = p_2 - p_1 = mv_2 - mv_1 \tag{7.4}$$

の関係がある．この運動量-力積関係は，運動方程式を時間で積分することで得られるもので，「運動量の変化は，その変化をする時間内に働いた力積に等しい」ということを意味する．さらに，仮に時刻 1 から時刻 2 の間に力が作用しない場合には，式 (7.4) の積分項はゼロになり，「外力が作用しなければ，運動量は保存される（一定である）」ことになる．このような関係を「運動量保存の法則」(conservation of momentum) と呼ぶ．

さらに，複数の物体が相互に力を加えあっているシステムを考えた場合には，図 7.3 に示すように，

$$MV_1 + mv_1 + L = MV_2 + mv_2 \tag{7.5}$$

の関係が成り立つ．これは，運動の第三法則を考えると，一方の物体への正の力積は，

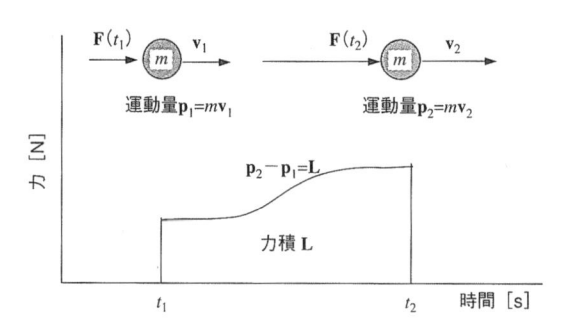

図 7.2　力積と運動量の関係
運動量の変化は，力積に等しい．

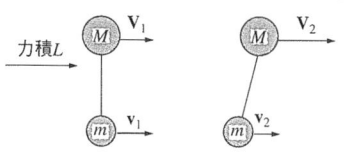

7.2 運動量-力積関係

図 7.3 システムの運動量と力積の関係
複数の物体からなるシステムの場合には，システム全体の運動量の変化と力積が等しくなる．

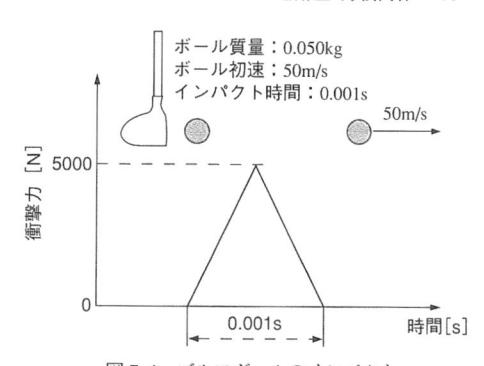

図 7.4 ゴルフボールのインパクト
ボールの初速とインパクト時間がわかれば，衝撃力を推定できる．

他方の物体への負の力積となるため，システム全体としてみた場合には，運動量の変化がシステムに加えられた力積と等しいことを表している．

7.2.2 運動量-力積関係の例

a. 物体の速度変化と力積

静止している質量 m の物体が動き出す場合を考える．式(7.4)から時刻1の運動量 $m\mathbf{v}_1 = \mathbf{p}_1$ がゼロであれば，時刻2の物体の速度 $\mathbf{v}_2$ は力積によって決まる．すなわち，静止している物体（身体）を動かすためには，いくら大きな力を発揮しても，力を加えている時間が短ければ，大きな速度は得られないことになる．

図7.4に示すように静止しているボールをゴルフクラブで打つ場合を考える．ボール質量を 0.050 kg，ボール初速を 50 m/s，ボールとクラブの接触時間を 0.001 秒，ボールに作用する力は図に示すような三角波形であったとする．このときボールに加わる力の最大値は，5000 N である．

b. 垂直跳びにおける地面反力と重心速度

垂直跳びにおける地面反力と身体重心の速度について検討する．図7.5に示すように静止状態から地面を蹴って跳躍することを考える（計算を簡略化するために重力加速度を 10 m/s² とする）．垂直跳びの場合には身体には重力が常に作用しているため，身体を動かすために利用される地面反力は，地面反力から重力（体重）を差し引いたものになり，離地瞬間の重心速度は，ともに 2 m/s となる．すなわち，垂直跳びの重心速度は，地面反力の最大値や動作時間で決まるものではなく，力積によって決まる．

c. ボールキャッチ

速度 $\mathbf{v}$[m/s] で飛んできたボールを，一定の力を加えながら受け止める（減速さ

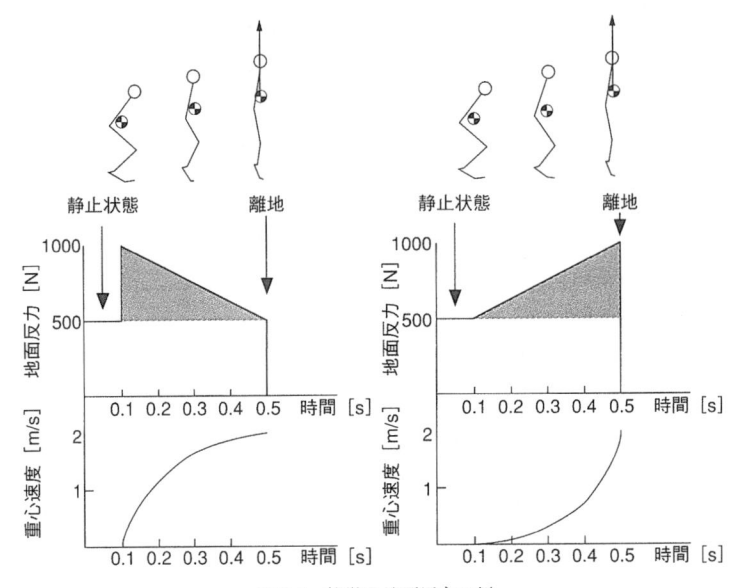

図 7.5 簡単な地面反力の例
離地時の重心速度は，力積で決まる．

せる）ときの手に作用する力を推定する．ボールの質量を m [kg] とすると，運動量と力積の関係から，

$$mv + F\Delta t = 0 \tag{7.6}$$

の関係がある．例として，$v = 30$ m/s，$m = 0.1$ kg として，時間 Δt を変化させると，手に加わる力がどのように変化するかをみてみることにする．0.1 秒で受けとめる場合には，式(7.6)から -30 N の大きさの均一の力が作用することになる．また 0.05 秒で受け止めた場合には，-60 N，0.01 秒で受け止めた場合 -300 N の力を出す必要がある．力にマイナスがついているのは，ボールの飛行とは逆方向に力を加える必要があることを示している．

なお，実際に捕球する場合には，手に加わる力は一定ではないので，瞬間的にはより大きな力が作用している．

7.3 衝突現象

二つの物体が衝突したとき，衝突後の速度がどのようになるか運動量を用いて算出してみる（簡略化のため，一次元運動に限定する）．

7.3.1 二つの物体の衝突

衝突時の力の変化がわかれば，力積を計算することによって衝突後の速度を求めることができるが，ここでは反発係数（はねかえり係数，coefficient of restitution）を用いて衝突後の速度を算出する．

図 7.6 に示すように二つの物体（それぞれの質量を M, m とする）が速度（それぞれ V_0, v_0 とする）で接近している場合を想定する．衝突前のシステムの運動量 p_0 は，

$$p_0 = MV_0 + mv_0 \tag{7.7}$$

図 7.6 2 物体の衝突現象
衝突時でも運動量は保存されるが，運動エネルギーの総和は減少する．

である．ここで，衝突後の速度を V_1, v_1 としたとき，反発係数は，

$$e = \frac{|V_1 - v_1|}{|V_0 - v_0|} \tag{7.8}$$

で表され，衝突体の物性で決まるものである．なお，反発係数は 0～1 の値をとり，1 の場合を完全反発と呼ぶ．

衝突後の運動量 p_1 は，

$$p_1 = MV_1 + mv_1 \tag{7.9}$$

で表される．ここで，二つの物体には外部から力は作用していないので，力積はゼロである．そこで，運動量保存の法則から式(7.7)と式(7.9)は等しくなり，反発係数の式(7.8)を代入すると，衝突後の速度 V_1, v_1 は，以下の式で求めることができる．

$$V_1 = V_0 - (1-e)\frac{m}{M+m}|V_0 - v_0| \tag{7.10}$$

$$v_1 = v_0 + (1-e)\frac{M}{M+m}|V_0 - v_0| \tag{7.11}$$

7.3.2 バットとボールの衝突

図 7.7 に示すように，静止しているバットにボールが衝突する場合を考える．ボールがバットの重心より先端側の点 O に衝突し，力積 L をバットに加えたと仮定する．このときバットの質量を m とすると，運動量と力積の関係から，バットの重心は，

$$mv_{CG} = L \tag{7.12}$$

が成り立つような速度 v_{CG} で移動する．また，重心まわりの慣性モーメントを I とすると，バットは，

$$I\omega = aL \tag{7.13}$$

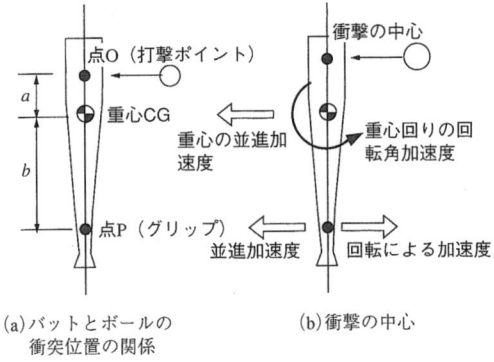

(a) バットとボールの　　　　　(b) 衝撃の中心
　　衝突位置の関係

図 7.7　バットとボールの衝突
撃心にボールが当たれば，グリップには加速度が生じない．
そのため手に衝撃を感じない．

が成り立つような角速度 ω で回転運動を始める．すなわち，重心は L/m の速度で動き出し，同時に重心回りに aL/I の角速度で回転を始める．ここで，バットのグリップ側に点 P をとり，重心との距離を b とすると，点 P の動き出す速度 v_P は，

$$v_P = \frac{L}{m} - b\omega = \frac{L}{m}\left(1 - \frac{abm}{I}\right) \tag{7.14}$$

となる．したがって，重心からグリップ側に，

$$b = \frac{I}{am} \tag{7.15}$$

の距離にある点は，衝突直後の加速度がゼロになる．いいかえると，バットを点 P で握っていた場合，点 O でボールを打つと手には衝撃が加わらないことになる．このとき，点 O をグリップ点 P に対する衝撃の中心 (center of percussion) または撃心と呼ぶ．

第8講

投射体の運動

地球上で運動を行う場合には，空気抵抗から逃れることはできない．しかし，運動速度が小さい，または，速度が大きくても空気抵抗が加速度に与える影響が小さい場合には，物体の重心は放物線を描くと考えることができる．たとえば，走高跳びでは，空気抵抗の影響が小さいので，踏切った後の身体重心は放物運動をすると考えてよい．また投射された砲丸の受ける空気抵抗は，砲丸の質量に比べて小さく加速度に影響を与えないので，砲丸は放物運動をするとみても構わない．

本講では，空気抵抗を無視できる場合の物体の放物運動 (motion of projectile) について説明する．

8.1 空中における運動

8.1.1 放物運動を表す式の導出

図 8.1 に示すような地面 (X–Y 座標系における原点) からボールを投げて，地面に落ちるまでの運動を考える．この場合には，初期条件として，投射初速度と投射角

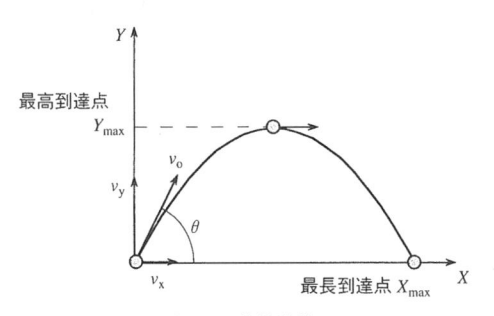

図 8.1 放物運動

初速と投射角が決まると，最長到達点 X_{max} や最高到達点 Y_{max} が決まる．

（地面と初速度ベクトルがなす角）を決定すればよい．そこで，投射初速度 v_0，投射角 θ とすると，初期水平速度（v_x）と初期鉛直速度（v_y）は，

$$\text{水平方向速度：} \quad v_x = v_0 \cos\theta \tag{8.1}$$

$$\text{鉛直方向速度：} \quad v_y = v_0 \sin\theta \tag{8.2}$$

で表される．

ここで，まず水平方向（X 軸方向）の速度と位置の変化を考える．空気抵抗を考えないので，物体に対して水平方向に作用する力はなく，水平方向の加速度は 0 である．その結果，水平方向の速度変化はなく，物体は初期水平速度で運動を続ける．投射後の時間を t とすると，速度と位置の変化は式(8.3)と式(8.4)で表される．

$$\text{水平方向速度：} \quad v_x = v_0 \cos\theta = \text{一定} \tag{8.3}$$

$$\text{水平方向位置：} \quad x = v_0 \cos\theta \, t \tag{8.4}$$

一方，鉛直方向については，鉛直下向きに重力が作用するので，運動の第二法則から鉛直方向速度は式(8.5)で表される．ただし，重力加速度を $g = 9.8\,[\text{m/s}^2]$ とする．

$$\text{鉛直方向速度：} \quad v_y = v_0 \sin\theta - gt \tag{8.5}$$

さらに式(8.5)を時間で積分することにより，鉛直方向の位置変化は式(8.6)で表される．

$$\text{鉛直方向位置：} \quad y = v_0 \sin\theta \, t - \frac{1}{2} g t^2 \tag{8.6}$$

このように，初期条件として初期速度と投射角度を与えることで，t 秒後の物体の位置や速度は式(8.3)〜(8.6)を用いることによって決定できる．

8.1.2 最高到達点と最長到達点

放物運動を行っている物体の特徴点として，最高到達点と最長到達点がある．最高到達点とは「どこまで高く上がるか」を示すものであり，最長到達点とは「どこまで遠く届くか」を示すものである．

a. 最高到達点の算出

最高到達点，すなわち放物線の頂点では鉛直方向速度は 0 になる．そこで式(8.5)において鉛直方向速度を 0 とおくと（$v_y = 0$），最高到達点に達するまでの時間 t_{up} は，

$$t_{up} = \frac{v_0 \sin\theta}{g} \tag{8.7}$$

で表される．これを式(8.6)に代入すると最高到達点 $Y_{\max}$ は

$$Y_{\max} = \frac{(v_0 \sin\theta)^2}{2g} \tag{8.8}$$

となる．

b. 最長到達距離の算出

最長到達点では物体の鉛直位置が0になるので，式(8.6)において鉛直方向位置を0とおいて ($y=0$)，時間 t を求めると，

$$t = 0, \quad \frac{2v_0 \sin\theta}{g} \tag{8.9}$$

という二つの解が得られる．このうち $t=0$ は投射時のものなので，$t = 2v_0\sin\theta/g$ の場合に最長到達点に達することになる．これを式(8.4)に代入すると最長到達距離 X_{max} は，

$$X_{max} = v_0\cos\theta \, 2\left(\frac{v_0\sin\theta}{g}\right) = \frac{v_0^2\sin 2\theta}{g} \tag{8.10}$$

で算出できる．

ここで，初速度 v_0 を一定とした場合に，最も遠くまでボールを投げるための投射角度を考える．この場合，式(8.10)において $\sin 2\theta$ が最大のとき，すなわち $\theta = \pi/4$ [rad] (45度) のときに X_{max} が最大になる．すなわち，投射角度を変えても同じ速度で投げることができるならば，45度の角度で投げれば最も遠くまでボールを投げ上げることができることを示している．ただし，45度という角度はボールをリリースする地点が地面と同じ高さの場合にのみ当てはまるものであり，実際には後で説明するように，45度より小さい角度でボールを投げるほうが遠くへ投げることができる．

8.2 垂直跳びの跳躍高の推定

放物運動の式を利用すると，滞空時間を測定することで垂直跳びやドロップジャンプの跳躍高を推定することができる．図8.2に示すように，離地してから着地するまでの時間を T，離地時および着地時の身体重心高 y を 0 とする．ここで式(8.6)を利用すると，

$$v_0 = \frac{gT}{2} \tag{8.11}$$

となり，離地時の身体重心速度が得られる．これを式(8.8)に代入すると，跳躍高 Y_{max} は，

$$Y_{max} = \frac{v_0^2}{2g} = \frac{1}{2g}\left(\frac{gT}{2}\right)^2 = \frac{1}{8}gT^2 \tag{8.12}$$

で推定できる．この方法で推定できる跳躍高は，足先が地面から離れる瞬間の身体重心高とその最高点との差のことであり，また足先が地面から離れる瞬間と着地した瞬

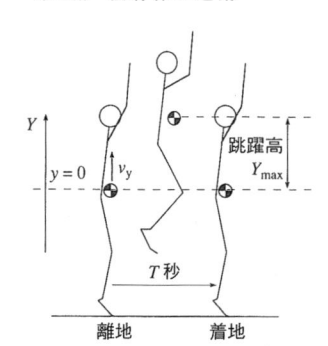

図 8.2 垂直跳びにおける跳躍高の簡易測定
足が地面から離れている時間を測定することで，跳躍高を算出できる．

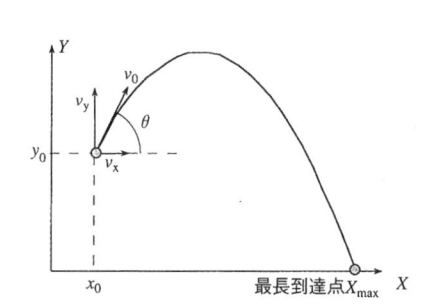

図 8.3 地面より高いところでリリースする場合の最高到達点 X_{max} の算出

間の身体重心高が異なる場合には誤差が生じることになる．しかし，ドロップジャンプの場合には，離地と接地の瞬間の姿勢はほとんど変わらないと考えられるので，跳躍高の推定には式(8.12)が適用できる．

8.3 投射位置が地面より高い場合の投射体の運動

投射位置と落下位置の高さが同じ場合には，式(8.10)が適用できる．しかし，実際の砲丸投げ，遠投などでは，落下地点（地面）より高いところから投擲物を投射して，落下地点までの距離を競う．この場合に最も遠くに投げられる条件を考えてみよう．

図 8.3 に示す座標系を考え，投射時の水平および鉛直座標値を x_0, y_0 とする（砲丸投げの場合には，サークル端よりも前方でリリースすることはよくあることであろう）．このとき式(8.6)にリリース時に鉛直座標 y_0 を加えると，

$$y = y_0 + v_0 \sin\theta \, t - \frac{1}{2}gt^2 \tag{8.13}$$

という式が得られる．ここで $y=0$ とおいて t を求め，式(8.4)に代入すると最長到達点を x_{max} は，

$$x_{max} = x_0 + \frac{v_0^2 \sin\theta \cos\theta + v_0 \cos\theta \sqrt{(v_0 \sin\theta)^2 + 2gy_0}}{g} \tag{8.14}$$

という式で求めることができる．

この式を用いて $x_0 = 0.0$ m として，y_0(投射高) $= 2.0$ m，V_0(初速度) $= 10.0$ m/s，θ

8.3 投射位置が地面より高い場合の投射体の運動　63

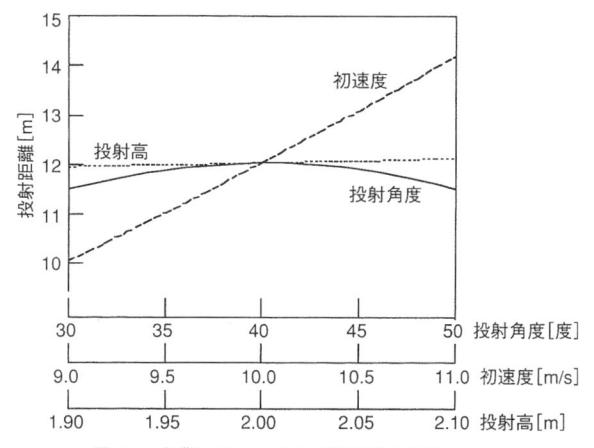

図 8.4　初期パラメータと投射距離の関係
砲丸投げを想定すると，初速度の影響が最も大きいことがわかる．

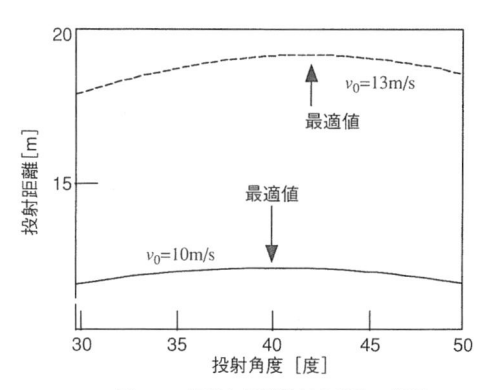

図 8.5　初速と最適投射角度との関係
初速度が大きくなると，最適投射角度は 45 度に近くなる．

（投射角）= 40 度を中心に各条件を変化させた場合の投射距離を図示してみると，図 8.4 のようになる．投射角度は 40 度付近で最大になる．初速度は大きくすればするほど投射距離が伸び，また投射高も高くすればするほど投射距離は伸びる．

また，図 8.5 は初速度 10 m/s と 13 m/s について，投射角度と投擲距離の関係を示したものである．初速度を大きくすると投擲距離が大きくなるのは当然であるが，同時に最大投擲距離が得られる角度が大きくなる傾向にあることがわかる．

第9講

運動における力学的エネルギー，仕事，パワー

　身体運動にはエネルギーが必要である．生理学では，エネルギーの供給機構を無酸素性と有酸素性に大別し，身体内部でのエネルギーの動態を研究している．本講では，運動を力学的，特にキネティクス的に取り扱うために必要な力学的エネルギー，仕事，パワーについて説明する．

9.1　力学的エネルギー

9.1.1　力学的エネルギーの定義

　エネルギー（energy）とは仕事（work）をする能力と定義でき，身近なものとしては電気や熱がある．身体運動をエネルギーという観点から考える場合には，位置エネルギーと運動エネルギーを合わせた力学的エネルギー（mechanical energy）を分析するのが一般的である．

a. 位置エネルギー

　地球上で運動する場合には，重力の影響を必ず受けている．重力に対して運動するためにはエネルギーが必要で，このエネルギーを位置エネルギー（またはポテンシャルエネルギー，potential energy）と呼ぶ．図 9.1 に示すような場合，位置エネルギー E_p は，質量 m，重力加速度 g，鉛直方向の座標値 h の積で，式(9.1)で表される．また図 9.1(b)のように，基準の水平座標軸より鉛直下方にある場合には，負（マイナス）のエネルギーをもつことになる．

$$E_p = mgh \tag{9.1}$$

位置エネルギーの大きさは基準となる座標軸によって変化するが，歩行や走動作の場合は地面の高さを，体操の鉄棒競技の場合には鉄棒の高さを座標軸のゼロとするなどして分析対象に合わせる必要があろう．

b. 運動エネルギー

　物体が運動している（速度または角速度をもっている）ときのエネルギーを運動エ

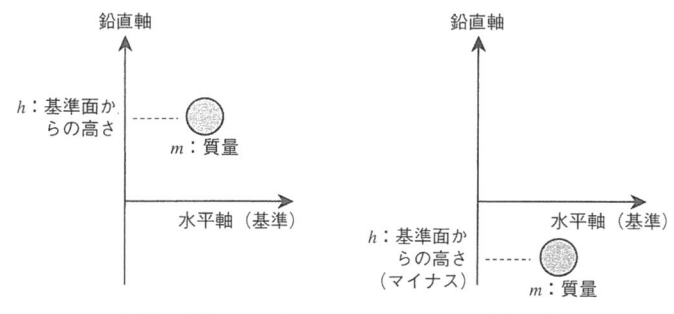

(a) 正の位置エネルギー　　　(b) 負の位置エネルギー

図 **9.1** 位置エネルギーの定義
位置エネルギーは，基準面からの高さに比例し，負（マイナス）になることもある．

ネルギー（kinetic energy）と呼び，並進運動エネルギー（translational kinetic energy）と回転運動エネルギー（rotational kinetic energy）に分けることができる．図 9.2 に示すような場合，並進運動エネルギーは，質量 m と速度ベクトルの大きさ v の関数で，

$$E_t = \frac{1}{2}mv^2 \tag{9.2}$$

で表される．また回転運動エネルギーは，慣性モーメント I と角速度ベクトルの大きさ ω の関数で，

$$E_r = \frac{1}{2}I\omega^2 \tag{9.3}$$

で表される．このように，運動エネルギーは速度ベクトルや角速度ベクトルの方向には関係なく，ベクトルの大きさに依存する．さらに図 9.2(c) のように剛体が回転しながら並進運動を行っている場合には，式(9.2)と式(9.3)の和，すなわち式(9.4)が

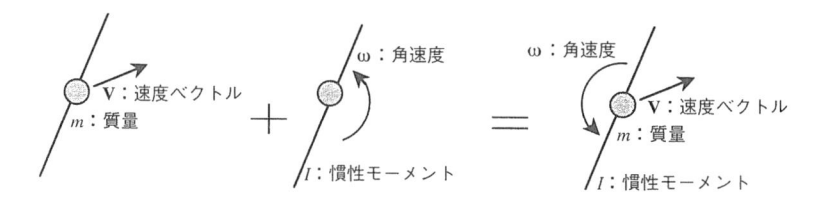

(a) 質点/剛体の並進運動エネルギー　(b) 剛体の回転運動エネルギー　(c) 剛体の運動エネルギー

図 **9.2** 剛体の運動エネルギーの定義
剛体の運動エネルギーは，並進運動エネルギーと回転運動エネルギーの和である．

剛体の運動エネルギーを表す．

$$E = \frac{1}{2}mv^2 + \frac{1}{2}I\omega^2 \tag{9.4}$$

静止している際には運動エネルギーはゼロになるが，負（マイナス）にはならない．

c. 力学的エネルギーの単位

食品のエネルギーの単位として，通常［cal］（カロリー）が使われるが，力学的エネルギーには［J］（ジュール）を用いる．位置エネルギーの式(9.2)の右辺の各成分の単位を書き並べると［kg］［m/s²］［m］となるが，［kg］［m/s²］は力の単位［N］に相当するので，［kg］［m/s²］［m］→［N］［m］→力学的エネルギーの単位［J］になる．

また並進運動エネルギーについては［kg］［m/s］²→［kg］［m/s²］［m］→［J］のように，回転運動エネルギーについても［kgm²］［s⁻¹］²→［kg］［m/s²］［m］→［J］のように変換できる．なお［cal］と［J］の間には，

$$1\,\text{cal} = 4.186\,\text{J} \tag{9.5}$$

という関係がある．

9.1.2 質点の力学的エネルギー

質点モデルを用いて運動を考える場合の力学的エネルギーは，位置エネルギーと並進運動エネルギーである．そこで図9.3に示すように，質量 m の質点が高さ h のところで速度 v で移動している場合を考える．位置エネルギーと並進運動エネルギーはそれぞれ式(9.1)と(9.2)で表すことができるので，この瞬間の質点の力学的エネルギーは，式(9.6)で表すことができる．

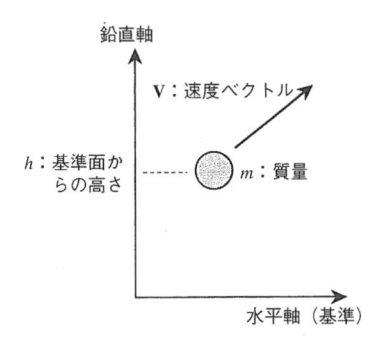

図 9.3 質点モデルの力学的エネルギー
質点がもつエネルギーは，位置エネルギーと運動エネルギーの和である．

$$E = E_p + E_t = mgh + \frac{1}{2}mv^2 \tag{9.6}$$

砲丸を質点としてモデル化した場合，砲丸は放物線を描き鉛直座標値（高さ）と速度を変化させながら落下するが，図9.4に示すように空中での力学的エネルギーは一定である．これは砲丸に作用する重力が「保存力」（conservative force）と呼ばれる特別な力であるため，位置エネルギーと運動エネルギーを変換させながら運動を支配しているからである．位置エネルギーが大きくなったときには運動エネルギーが小さくなり，運動エネルギーが大きくなるときには位置エネルギーが小さくなる．これは，振り子やばねの振動の場合にも成立する．

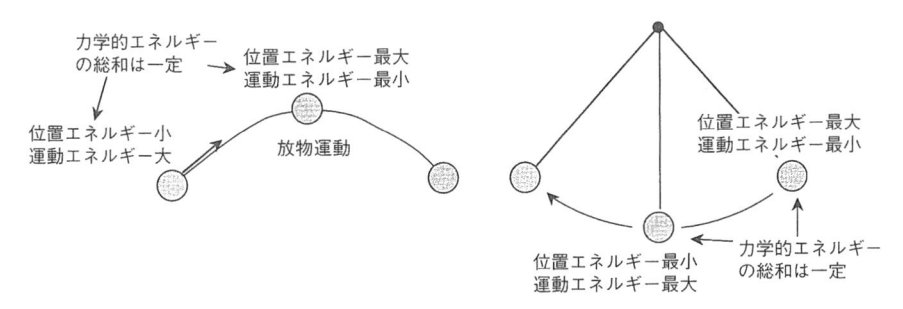

(a) 投射後の砲丸の力学的エネルギー　　　(b) 振り子の力学的エネルギー

図 **9.4**　力学的エネルギー保存則
放物運動や振り子運動の場合には，位置エネルギーと運動エネルギーは変化するが，それらの総和は一定である．

9.1.3　剛体と剛体リンクモデルのエネルギー

剛体リンクモデルでは，上で説明したすべてのエネルギーを考慮する必要がある．すなわち剛体の重心の位置エネルギーと並進運動エネルギー，さらに剛体の回転運動エネルギーである．それぞれのエネルギーは式(9.1)～(9.3)で示されるので，式(9.7)が一つの剛体の力学的エネルギーを示す．

$$E = mgh + \frac{1}{2}mv^2 + \frac{1}{2}I\omega^2 \tag{9.7}$$

また，身体を図9.5のような14セグメントの剛体リンクモデルで表した場合，身体

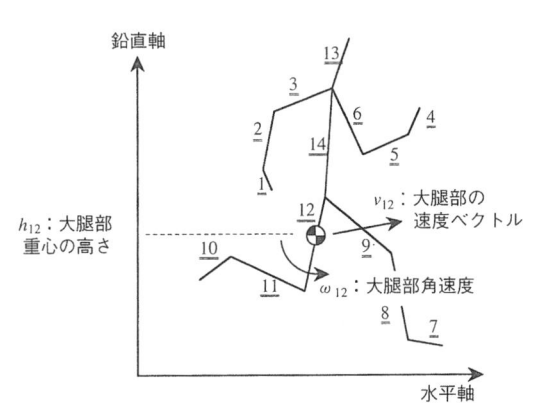

図 **9.5**　身体の剛体リンクモデルにおける力学的エネルギー
身体部分の力学的エネルギーの総和が，身体のもつ総力学的エネルギーになる．

のもつ力学的エネルギーは，それぞれの剛体がもつエネルギーの総和，すなわち，

$$E = \sum_{i=1}^{14}\left(m_i g h_i + \frac{1}{2}m_i v_i^2 + \frac{1}{2}I_i \omega_i^2\right) \quad (9.8)$$

で表すことができる．

　空気抵抗を無視した場合，空中で身体重心は放物運動するが，身体の力学的エネルギーは一定ではない．これは，関節における回転モーメント（関節トルク）による力学的仕事（後述）が存在するためである．

9.2 力学的仕事

　力学的エネルギーは，ある瞬間における物体や身体の状態を表す物理量であるが，その一方で，力学的仕事をすることができる．このことは，逆にみると，力学的エネルギーを変化させるためには力学的仕事（mechanical work）が必要であることを示している．

9.2.1 並進運動における力学的仕事

　並進運動における仕事 W は，式(9.9)に示すように力ベクトル $\mathbf{F}$ と速度ベクトル $\mathbf{v}$ の内積（パワー）を時間積分したもので，

$$W = \int (\mathbf{F}\cdot\mathbf{v})\,dt \quad (9.9)$$

という式で表される（内積の部分は後述するパワーになる）．また図9.6(a)に示すように一定の力を作用させながら物体を移動させた場合には，仕事 W は式(9.10)に示すような力ベクトルと変位ベクトルの内積になる．さらに，力の大きさと変位ベクト

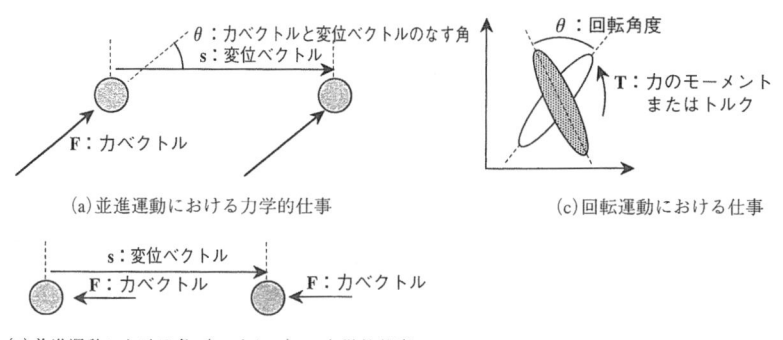

(a) 並進運動における力学的仕事

(b) 並進運動における負（マイナス）の力学的仕事

(c) 回転運動における仕事

図 9.6　並進運動および回転運動における仕事

ルを力ベクトル方向に投影したときのベクトルの大きさとの積になる．

$$W = \mathbf{F} \cdot \mathbf{s} = Fs \cos\theta \tag{9.10}$$

この定義を用いると，力の方向と移動方向が一致しているときに仕事が最大になる．一方，力の方向と移動方向が逆の場合（二つのベクトルがなす角度が90度を越えている場合）には，負（マイナス）の仕事をしたことになる．たとえば，飛んでくるボールをキャッチする場合，ボールの速度ベクトルとボールに加える力ベクトルは反対方向を向くため，仕事は負になる．

9.2.2 回転運動における力学的仕事

回転運動における力学的仕事は，式(9.11)に示すように力のモーメントベクトル $\mathbf{T}$ と角速度ベクトル $\boldsymbol{\omega}$ の内積を時間で積分したものになる（内積の部分は後述するパワーになる）．

$$W = \int (\mathbf{T} \cdot \boldsymbol{\omega})\,dt \tag{9.11}$$

並進運動における力学的仕事と同様に，図9.6(b)に示すように一定のモーメントが作用していた場合には，力のモーメントの大きさと角変位の積すなわち，

$$W = T\theta \tag{9.12}$$

になる．さらに，力のモーメントの方向と回転の方向が逆の場合には，負（マイナス）の仕事をする．

9.2.3 力学的仕事の単位

並進運動における力学的仕事の単位は，[N][m/s][s]→[Nm]→[J]となり，エネルギーと同じ単位をもつ．また回転運動における力学的仕事の単位も，[Nm][s^{-1}][s]→[Nm]→[J]となり，エネルギーと同じ単位をもつ．

9.3 力学的パワー

力学的パワー（mecahnical power）とは，単位時間当たりの仕事を示すもので，仕事率とも呼ぶ．たとえば，同じ仕事を行った場合でも，短時間で行ったほうがより大きなパワーを発揮したことになる．並進運動における力学的パワー P は力ベクトルと速度ベクトルとの内積で，式(9.13)で表される．

$$P = \mathbf{F} \cdot \mathbf{v} = Fv \cos\theta = F_x v_x + F_y v_y + F_z v_z \tag{9.13}$$

ここで力のベクトルと速度ベクトルのなす角 θ が90度以上の場合には，パワーは負（マイナス）になり，90度の場合にはゼロになる．

また回転運動においては，力のモーメントベクトル **T** と角速度ベクトル **ω** の内積がパワーとなり，式(9.14)で表される．

$$P = \mathbf{T} \cdot \boldsymbol{\omega} = T_x \omega_x + T_y \omega_y + T_z \omega_z \qquad (9.14)$$

力学的パワーの単位は，[N][m/s]で表されるが，これを[W]（ワット）という単位で表現する．

9.4 力学的エネルギー，仕事，パワーの関係

式(9.9)と(9.13)を見比べると，式(9.13)を積分したものが式(9.9)になることがわかる．また回転運動における式(9.11)と(9.14)についても同様のことがいえる．すなわち，パワーを時間で積分したものが仕事で，正のパワーを発揮すれば正の仕事を行い，負のパワーを発揮すれば負の仕事を行うことになる．さらに，正の仕事をされた身体の力学的エネルギーは増加し，負の仕事をされた場合にはエネルギーは減少する．

ここで，力学的エネルギー，仕事，パワーの関係を説明するために，図9.7に示すような砲丸を真上に投げ上げる場合を考える．対象とする投げでは，0.1秒までは静止状態を保っている．0.1秒時から動作を開始し，一定の力（150 N）を発揮しながら0.5秒時にリリースする（動作時間は0.4秒間）．以下では，計算を簡単にするために砲丸の質量を10 kg，重力加速度を10 m/s²とする．

9.4.1 仕事からみた投動作

a. 砲丸の速度変化（運動量と力積の関係から）

力積は手から砲丸に加えた力と重力の差とリリースまでに要した時間との積であり，50[N]×0.4[s]＝20[Ns]となる．動作開始時（0.1秒）の運動量は0なので，力積とリリース時の運動量が等しくなり，リリース時の砲丸の速度は20[Ns]/10[kg]＝2[m/s]となる．

b. 身体が発揮した力学的パワー

手は150 N の力を砲丸に加えているので，この力と砲丸の速度の積がパワーである．その結果，動作開始時のパワーは0 W で，直線的に増加してリリース時のパワーは150[N]×2[m/s]＝300[W]になる．

c. 砲丸の変位

砲丸の変位は，速度を時間積分したものになる．そこで，図9.7においては，速度グラフの面積に等しくなるので，リリース時には0.4 m 砲丸が上昇していたことになる．

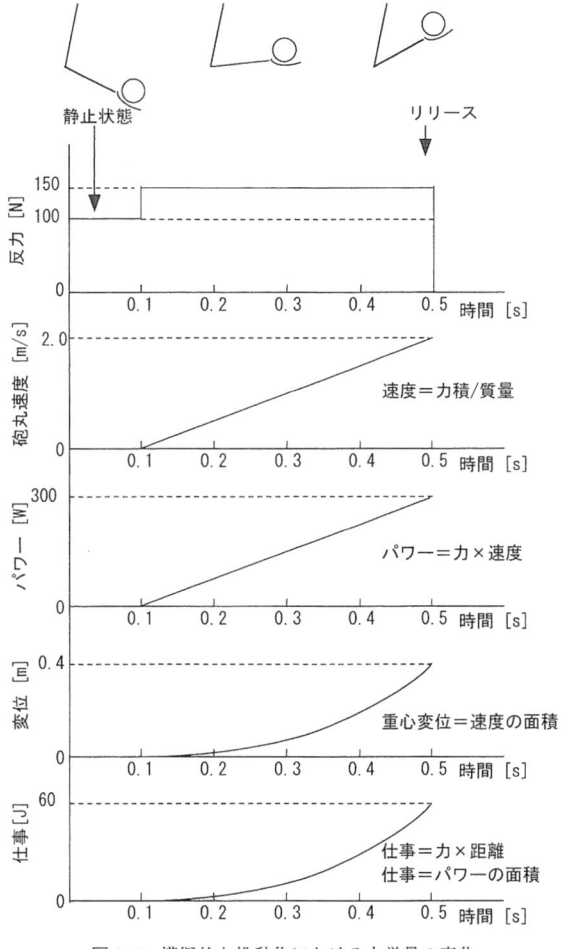

図 **9.7** 模擬的な投動作における力学量の変化
力学的仕事は，砲丸がもつエネルギーに変換される．

d. 手が行った力学的仕事

手が砲丸に対して行った力学的仕事は，力が一定なので，この力と変位の積になり，$150[\mathrm{N}] \times 0.4[\mathrm{m}] = 60[\mathrm{J}]$ になる．一方，力学的パワーを積分する（グラフにおいては面積を求めることに対応する）と60Jになり，力学的仕事と同じ値になることがわかる．

9.4.2 エネルギーからみた投動作

a. リリース時のエネルギー

リリース時には砲丸は 0.4 m 上昇しているので，位置エネルギーは，$10[\mathrm{kg}] \times 10[\mathrm{m/s^2}] \times 0.4[\mathrm{m}] = 40[\mathrm{J}]$ 増加したことになる．他方，リリース時の運動エネルギーは，$0.5 \times 10[\mathrm{kg}] \times 2^2[\mathrm{m^2/s^2}] = 20[\mathrm{J}]$ である．これらの和を求めると 60 J となり，動作開始からリリースまでに手が砲丸にした力学的仕事と等しいことがわかる．

b. リリース後のエネルギー

砲丸が鉛直速度 2 m/s でリリースされたあと，砲丸は放物運動をするので式 (8.8) を用いるとリリース後の砲丸の上昇距離は 0.2 m である．

リリースまでに砲丸は 0.4 m 上昇し，その後さらに 0.2 m 上昇するので，最終的には砲丸は 0.6 m 上昇したことになる．これを位置エネルギーに換算すると $10[\mathrm{kg}] \times 10[\mathrm{m/s^2}] \times 0.6[\mathrm{m}] = 60[\mathrm{J}]$ となり，手が行った力学的仕事に等しくなる．すなわち，動作中に手が行った力学的仕事は，最終的には砲丸の位置エネルギーの増加に変換されたことがわかる．

第10講

運動と力のモーメント

　スポーツにおける運動の多くは，すでに述べたように並進運動と回転運動から成り立っている．このうち回転運動を生じるのは力のモーメントあるいはトルクと呼ばれるもので，回転力を表す．たとえば，身体部分の運動は，筋が骨の付着部に力を発揮することにより生じる回転運動であるので，どれくらいのモーメントが発揮されたかを知ることによって身体部分の運動を推定することができる．また逆に，関節まわりのモーメントから筋の発揮した力を推定することも可能である．

10.1　力のモーメント—物体を回転させようとする力の働き—

　図 10.1 はボールに力が作用している様子を上からみたものである．力の作用線がボールの中心を通ると，ボールは右向きの加速度を受け，そのまま右へ並進運動する．もし，力の作用線がボールの中心を外れて作用すると，ボールは右へ動きながら回転する．このように回転運動を生じる力の効果を力のモーメント（moment of force）あ

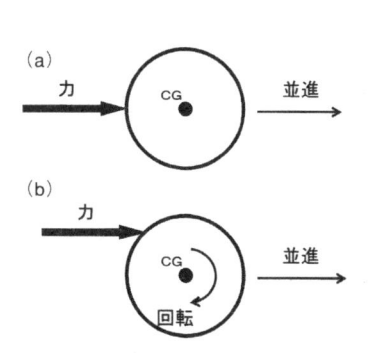

図 10.1　ボールに作用する力の効果
力は物体を並進させたり，回転させたりする．

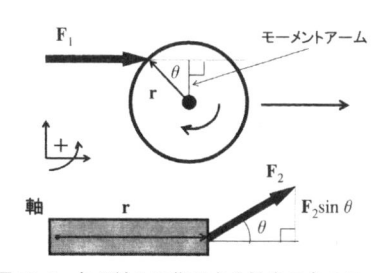

図 10.2　力が斜めに作用する場合の力のモーメント
回転の軸と力の作用点を結ぶベクトルと力の方向との角度によっても力のモーメントは変化し，角度が 0 度あるいは 180 度であれば，モーメントはゼロになる．

るいはトルク（torque）と呼び，以下の式(10.1)で表される．

$$\mathbf{M} = \mathbf{r} \times \mathbf{F} = rF\sin\theta \qquad (10.1)$$

回転の軸（図10.2ではボールの中心）と力の作用線との距離のことをモーメントアーム（moment arm）という．図10.1(a)では，モーメントアームがゼロになるので，いくら大きな力であっても，回転は生じない．また図10.2に示したように，回転の軸と力の作用点を結ぶベクトルと力の方向との角度によっても力のモーメントは変化し，角度が0度あるいは180度であれば，モーメントはゼロになるが，角度が90度のときは，モーメントは最大になる．

力のモーメントは大きさと方向をもつベクトル量である．方向は，一般には反時計回りのモーメントを正（プラス），時計回りを負（マイナス）で表し，右手を握ったときの親指の方向を正として矢印で表現する．また，大きさは矢印の長さで表す．図10.2では力 $\mathbf{F}_2$ のモーメントは正であるので矢印は紙面に垂直に上を，力 $\mathbf{F}_1$ のモーメントは負であるので下を向くことになる．

なお，モーメントの単位はアームの単位を[m]，力の単位を[N]とすると，[Nm]である．

10.2 バランス

スポーツでは「バランスがよい」とか「姿勢が安定している」などといって，動きの良し悪しを表現することがある．スポーツにおけるバランスや安定性などは静的なものと動的なものがあるが，ここでは力のモーメントという観点から静的なバランスについて考えてみよう．

図10.3の上は重量は同じであるが，基底面の広さが異なる二つの物体を示している．この物体に左から力が加わると，この力は点Oまわりに物体を時計回り（負）の方向に回転させるモーメントを生じる．一方，重心には重力が作用し，点Oまわりに反時計回り（正）のモーメントを生じる．物体を倒そうとする負のモーメントに対する重力のモーメントは，モーメントアームが大きいほど大きいので，基底が広いほうが倒れにくいことになる．また，重心が低い場合には重心が点Oを越える（重力のモーメントが負になる）までの傾きは重心が高い場合よりも大きくできるので，重心の低いほうがバランスがよいことになる．

さらに，物体が重いことにより図10.3の下で示した重力による力のモーメントが大きくなるので，倒れにくいことは十分に理解できるであろう．これらのことから，物体のバランスがよい条件は，一般に，①基底面が広い，②重心が低い，③重い，の三つであることがわかる．体操競技では高度なバランスが要求されることが多い

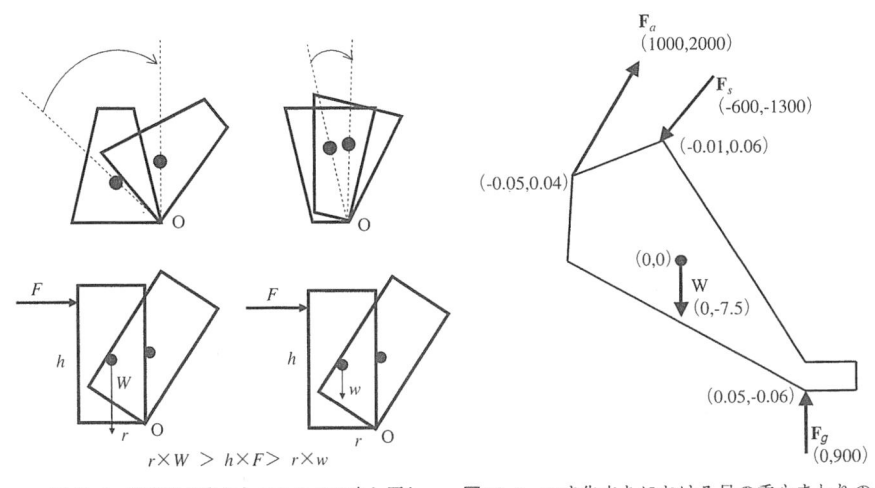

図 10.3 基底面の広さとバランスの良し悪し
物体のバランスがよい条件は，一般に，①基底面が広い，②重心が低い，③重いの三つである．

図 10.4 つま先立ちにおける足の重心まわりのモーメント
足の重心を回転の軸と考えて足に働く力の作用点の座標，力の水平および鉛直成分をもとに力のモーメントを計算する．

が，柔道や球技などでは対戦相手やディフェンダのバランスを崩すことが要求されることがある．この場合には，上述した三つの条件の逆を行えばよいことになる．このような観点からスポーツ技術を考えることも重要である．

10.3 回転運動における運動の法則

図 10.4 に示したように，足底に地面反力 $\mathbf{F}_g$，足関節に下腿からの力 $\mathbf{F}_s$，下腿三頭筋の力（アキレス腱の力）$\mathbf{F}_a$ が作用している場合の足の重心まわりのモーメントを考えてみよう．足の重心を回転の軸と考えてそれぞれの力の作用する点の座標，力の水平および鉛直成分を図 10.4 のように仮定し，行列式（補講 1 参照）を用いて力のモーメントを計算すると，以下のようになる．

$$\sum (\mathbf{r} \times \mathbf{F}) = \begin{vmatrix} 0.05 & -0.06 \\ 0 & 900 \end{vmatrix} + \begin{vmatrix} -0.01 & 0.06 \\ -600 & -1300 \end{vmatrix} + \begin{vmatrix} -0.05 & 0.04 \\ 1000 & 2000 \end{vmatrix}$$
$$= 45 + 49 - 140$$
$$= -46 \; [\mathrm{Nm}] \tag{10.2}$$

この例では，重心まわりの力のモーメントの合計がゼロにはなっていない．この場合には，力のモーメントの合計＝重心まわりの慣性モーメント（I，詳細は第 12 講を

参照)×角加速度(α)という回転運動における運動の法則にしたがって角加速度が生じる．このことを式で示すと以下のようになる．

$$\sum M = \sum (\mathbf{r} \times \mathbf{F}) = I\alpha \qquad (10.3)$$
$$\alpha = \sum M / I \qquad (10.4)$$

この例では，力のモーメントの合計が負であるので，時計回りの角加速度を生じ，足が回転する（足底屈される）ことになる．

このように，物体に作用する力のモーメントがゼロにならないときは，角加速度を生じ，角運動を生じる．力のモーメントはつりあい，バランスを考えるためにも重要であるが，スポーツ運動では身体各部に筋力のモーメント，地面反力のモーメントなどさまざまな力のモーメントが作用し，これらの合計がどのような大きさをもつか，いいかえると，どのような角加速度を生じるかがより重要である．

10.4 運動における力のモーメントの効果

図10.5はウエイトトレーニングで用いられるスクワット運動を示したものである．この姿勢で静止している場合のバーベルの重量による股関節と膝関節のモーメントを考えると，Aでは股関節についてのモーメントアームが大きく，Bでは膝関節につい

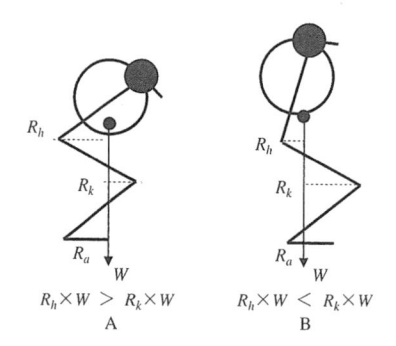

図10.5 静的なスクワット姿勢における股，膝，足の各関節まわりの地面反力によるモーメント（簡便法）
Aでは股関節についてのモーメントアームが大きく，Bでは膝関節についてのモーメントアームが大きい．したがって，Aでは股関節を伸展する筋群に，またBでは膝を伸展する筋群に大きな負荷がかかる．

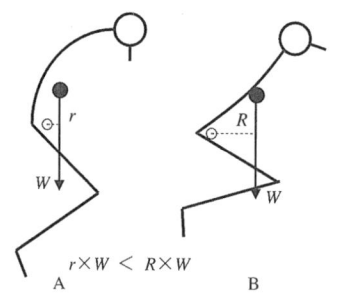

図10.6 鉄棒の前回りにおける初期の姿勢と重力によるモーメント
鉄棒を回転の中心と考え，重力によってモーメントが生じるとすると，生徒Bの方がモーメントアームが大きいので，大きなモーメントが得られる．一方，生徒Aは，鉄棒に不慣れなためか，腕を曲げて鉄棒にしがみつき背中を丸めている．どのようにすると，生徒Aの恐怖心を取り除き，生徒Bのような動きをさせることができるかが教師の腕の見せどころであろう．

10.4 運動における力のモーメントの効果　77

てのモーメントアームが大きい．したがって，Aでは股関節まわりの力のモーメントが大きくなり，この大きなモーメントに抗して姿勢を維持するために，股関節を伸展する筋群は大きな力を発揮しなければならなくなる．一方，Bでは，膝関節まわりのモーメントが大きくなり，膝の伸筋群に大きな負荷がかかることになる．スクワット運動では，体幹を前傾しすぎると腰を痛めやすいといわれるのは，このようなことも原因の一つと考えられる．

　このほか，重量挙げのハイクリーンではバーベルを身体に沿わせるようにして挙げるとよいのは，このようにすると，力学的には股関節や肩関節まわりのモーメントアームが小さくなるので，これらの関節まわりの筋群が発揮する力を小さくできるからである．このように姿勢やバーベルの位置がわずかに変化しても，モーメントの大きさや筋群の発揮する力に大きな影響を及ぼす．

　図10.6は，鉄棒の前回りをしようとしている生徒を示したものである．前回りは鉄棒を軸とした回転運動と考えられるので，回り始めには大きな力のモーメントを得て，回転の勢い（角運動量）を大きくする必要がある．生徒Aは鉄棒に不慣れなためか，腕を曲げて鉄棒にしがみつき背中を丸めて身体重心を低くし，鉄棒の近くに保とうとしている．一方，生徒Bは背中を伸ばし，身体重心を高く鉄棒からも遠くしている．鉄棒を回転の中心と考え，重力によってモーメントが生じるとすると，生徒Bのほうがモーメントアームが大きいので，大きなモーメントが得られ，その結果大きな角運動量が得られて，勢いよく前回りをすることができる．したがって，生徒Aに対する指導あるいは示唆の一つとして，背中あるいは身体をなるべく伸ばし，頭を鉄棒から遠くに投げ出すようにさせることが効果的である．そして，このような動きをするときの恐怖心を取り除く工夫をすることが教師の腕の見せどころということになろう．

　図10.7は，走高跳びの踏切りに入った直後の，踏切脚と地面反力をモデル的に示したものである．選手Aでは接地直後に膝関節が大きく屈曲しているため膝関節について地面反力のモーメントアームが大きく，膝関節まわりのモーメントが大きくなるので，膝関

踏切脚の膝関節まわりのモーメント

$R \times F > r \times F$

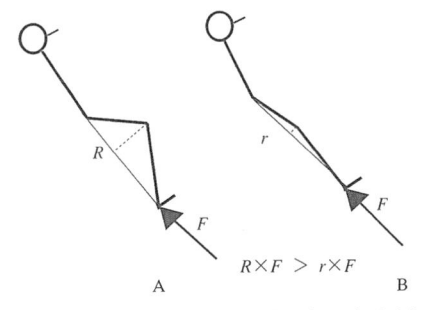

図 **10.7** 走高跳びの踏切脚関節まわりの地面反力によるモーメント（簡便法）
選手Aでは接地直後に膝関節が大きく屈曲しているため，膝関節まわりのモーメントが大きくなるので，膝関節の伸筋群は大きな力を発揮しなければならなくなる．

節の伸筋群は大きな力を発揮しなければならなくなる．一方，選手Bでは，モーメントアームが小さいため膝関節伸筋群の発揮する力は小さいことになる．このことは，いいかえると，筋力が同じであれば，選手Bのほうが大きな地面反力に耐えられることを意味している．

　これらの例でもわかるように，力のモーメントの方向や大きさを定性的に分析するだけでもスポーツの実践や指導に役立つと考えられる．そのためには，重心位置や力の大きさや方向の見当をつけることが必要であり，このような能力を身につけることは体育・スポーツの指導者（教師やコーチなど）にとって不可欠である．

文　献

〔さらに勉強するために〕
ベアー FP，ジョンストン ER（長谷川　節訳）(1982)：工学のための力学（上, 下）．原著改訂第3版，ブレイン図書出版
Beer FP and Johnston ER (1999)：Vector Mechanics for Engineers：Statics and Dynamics. 6 th ed., New Media Version, McGraw-Hill
Kreighbaum E and Barthels KM (1996)：Biomechanics A Qualitative Approach for Studying Human Movement. 4 th ed., Allyn and Bacon

第11講

運動と角運動量

　体操競技，飛込み，ダンスなどでは，身体の回転そのものがパフォーマンスの一部となるので，これらのスポーツは回転を抜きにしては語れない．また，ハンマー投げ，円盤投げ，バッティングでは，回転を用いることによって，手先や道具のスピードを大きくする．さらに走幅跳びの空中動作，バスケットボールやハンドボールのジャンプシュート，サッカーのヘディングなどでは，空中で身体の回転をコントロールすることがパフォーマンスに影響する場合が多い．回転を伴う運動を考える力学的観点の一つに角運動量がある．

11.1　角運動量─回転している物体の勢い─

　角運動量（angular momentum）とは，回転している物体の勢いの尺度であり，並進運動における運動量（momentum）に相当するものである．
　図 11.1 は点 O まわりに回転している三つの球（質点）を示したものである．この三つの球が回転中心 O まわりにどれくらいの勢いで回転しているかを比較してみよう．

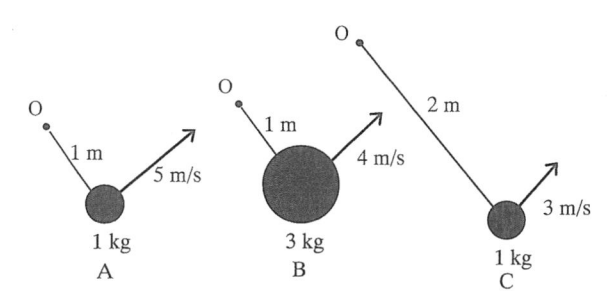

図 11.1　球（質点）の回転中心まわりの角運動量
　角運動量は力学的には，運動量のモーメント（モーメントアーム×運動量）と定義され，回転している物体の勢いの指標である．この例では B が最も大きな角運動量をもつ．

角運動量は力学的には，運動量のモーメント（モーメントアーム×運動量）と定義されるので，この定義にしたがって計算すると，角運動量は以下のようになる．

場合A： $H_1 = 1[\text{m}] \times 1[\text{kg}] \cdot 5[\text{m/s}] = 5 \quad [\text{kgm}^2/\text{s}]$

場合B： $H_2 = 1[\text{m}] \times 3[\text{kg}] \cdot 4[\text{m/s}] = 12 \quad [\text{kgm}^2/\text{s}]$

場合C： $H_3 = 2[\text{m}] \times 1[\text{kg}] \cdot 3[\text{m/s}] = 6 \quad [\text{kgm}^2/\text{s}]$

となり，この例では場合Bが最も大きな角運動量をもっていることになる．

角運動量を式で表すと，以下のようになる．

$$H_A = r \times mv \tag{11.1}$$

$$H_A = r \times m(\omega \times r) = mr^2 \omega \tag{11.2}$$

$$(I_A = \sum m_i r_i^2 \; より) \tag{11.3}$$

$$H_A = I_A \omega \tag{11.4}$$

式(11.1)の H_A は点Aまわりの角運動量，r はモーメントアーム，m は物体の質量，v は速度を表す．また速度は角速度×アームであるので，速度を書き換えると式(11.2)のようになり，角速度を用いても表すことができる．さらに，物体を質点の集合体と考えると，各質点の質量と軸からの距離の2乗との積を合計したものを I_A（慣性モーメントという，後述）とおくと，式(11.4)のように簡単な形になる．角運動量は一般に式(11.4)で表されることが多く，慣性モーメントと角速度で決まる．

角運動量は運動量と同様に大きさと方向をもつベクトルである．力のモーメントと同様に回転の方向に一致させて右手を握ったときに，右親指の指す方向を正の角運動量とする．なお，角運動量の単位は $[\text{kgm}^2/\text{s}]$ である．

11.2 慣性モーメント

バットは短く持つほうが振りやすいし，またグリップを持って振るよりも太い打球側を持ったほうが振りやすい．このように，物体や身体部分を回転軸まわりに回転させるときの回しやすさ，回しにくさを表す量を慣性モーメント（moment of inertia）という．剛体（質点が無限に集まり，質点間の距離が変化せず，変形をしない物体）を例にして示すと，式(11.5)～(11.8)のようになる．慣性モーメントは，簡単のために I という記号で表し，下付き文字で軸を示すことが多い．たとえば，I_A は，軸Aまわりの慣性モーメントを意味する．また式(11.7)や(11.8)の k を回転半径（radius of gyration）という．ここで，m_1, m_2 などは剛体を構成する質点の質量，r_1, r_2 などは回転軸Aから各質点までの距離である．

$$I_A = m_1 r_1^2 + m_2 r_2^2 + \cdots + m_i r_i^2 = \sum_1^n m_i r_i^2 \tag{11.5}$$

$$\sum_{1}^{n} m_i = 総質量 = M \quad (一定) \tag{11.6}$$

$$\frac{I_\mathrm{A}}{\sum_{1}^{n} m_i} = \frac{\sum_{1}^{n} m_i r_i^2}{\sum_{1}^{n} m_i} = k^2 \tag{11.7}$$

$$I_\mathrm{A} = Mk^2 \tag{11.8}$$

物体の慣性モーメントは棒，球，矩形，三角錐などのように形状が幾何学的に簡単で，材質が均一なものについては質量，長さ，半径などがわかれば，工学書などに掲載されている資料から知ることができる．しかし，複雑な形状をしたスポーツ用具，たとえば，バット，テニスラケット，スキーブーツなどの慣性モーメントは，物理振り子法などによって実測しなければならない（渋川，1969参照）．身体部分の慣性モーメントは第5講で述べたように屍体標本，数学モデルなどによる計測値（身体部分慣性係数）から推定する．この場合には，式(11.7)で示した回転半径 k が身体部分長に対する比などで与えられていることが多い．なお，慣性モーメントの単位は $[\mathrm{kgm}^2]$ である．

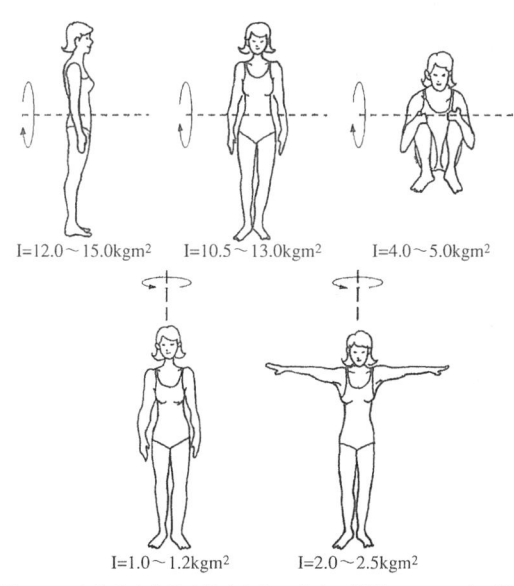

図11.2 身体重心を通る軸まわりの全身の慣性モーメント（例）
全身の慣性モーメントは姿勢によって異なり，横軸まわりが最も大きく，縦軸まわりが最も小さい．また縦軸まわりでも両腕を広げると慣性モーメントが大きくなる．

式(11.8)からわかるように,物体の慣性モーメントの大きさは質量,回転半径で決まってくるが,実際の運動における身体の慣性モーメントの大きさを見積もるには,① 質量がどれくらいか,② 質量分布(たとえば,形態や姿勢)はどうか,③ 軸の位置はどこかなどを見い出すことが役立つ.たとえば,図11.2は身体重心を通る軸まわりの全身の慣性モーメント(推定値)を示したものである.全身の慣性モーメントは姿勢によって異なり,上の原則にあてはめると,横軸まわりが最も大きく縦軸まわりが最も小さいこと,また縦軸まわりでも両腕を広げると慣性モーメントが大きくなることなどが推測できる.このような定性的見積もりによっても,スポーツの指導には役立つと考えられるが,さらに詳細な姿勢の変化,たとえば腕を水平に広げた場合と脚をわずかに上げた(外転させた)場合ではどちらの慣性モーメントが大きいかを知るには,平行軸の定理を用いて計算する必要がある.

11.3 平行軸の定理

通常,重心まわりの慣性モーメントが与えられていることが多い.ある姿勢をとったときや,特定の軸まわりの慣性モーメントは式(11.9)で示された平行軸の定理(par-

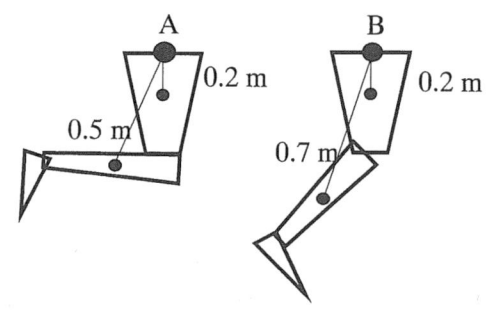

図 11.3 回復脚の大転子まわりの慣性モーメントの算出法
膝がより伸展しているBのほうが大転子まわりの慣性モーメントはかなり大きくなる.

表 11.1 慣性モーメントの計算結果

部 分	Case A	Case B
大　　腿	$0.07 + 7 \times 0.2 \times 0.2 = 0.35$	$0.07 + 7 \times 0.2 \times 0.2 = 0.35$
下腿 + 足	$0.04 + 4.5 \times 0.5 \times 0.5 = 1.165$	$0.04 + 4.5 \times 0.7 \times 0.7 = 2.245$
下肢(合計)	$1.515 [\mathrm{kgm^2}]$	$2.595 [\mathrm{kgm^2}]$

例:身体質量70 kgの男子.

allel axis theorem）により計算できる．例として図11.3に示したランニング中の脚の大転子まわりの慣性モーメントを求めてみよう．準備として，下肢各部の質量や部分重心まわりの慣性モーメントは表5.5（第5講）の身体部分慣性係数から求めておく．計算結果は表11.1のようになり，場合Bのほうが大転子まわりの慣性モーメントはかなり大きくなる．

$$I_O = I_G + md^2 \tag{11.9}$$

I_Oは軸Oまわりの慣性モーメント，I_Gは重心Gまわりの慣性モーメント，mは質量，dは軸と重心の距離である．

同様に，身体重心まわりの全身の慣性モーメントを計算する場合には，身体重心から各部分の重心までの距離を式(11.9)に代入して各部分の身体重心まわりの慣性モーメントを求め，合計する．

11.4 角運動量保存の法則

慣性モーメントIをもつ物体の角運動量が時間tの間に変化した場合を考えてみよう．第7講で述べた運動量-力積関係と同様の関係が角運動量にもあてはまり，角運動量の変化は，式(11.11)のように力のモーメントとその作用時間の積で表される．この力のモーメントと時間の積を角力積（angular impulse）と呼ぶことがある．また式(11.11)を変形すると，式(11.12)となり，角運動量を変化させるためには，角力積を作用させる必要があることがわかる．したがって，実際の身体運動において大きな角運動量を得るためには，大きな力のモーメントを長い時間作用させるとよいことになる．ここでは，物体の慣性モーメントは一定としたが，全身や複数の身体部分が集まった場合（剛体系）には，姿勢が変化すれば慣性モーメントも変化するので，式(11.12)は式(11.13)のようになる．

$$\frac{I\omega_2 - I\omega_1}{t} = \frac{I(\omega_2 - \omega_1)}{t} = I\alpha = M \tag{11.10}$$

$$I\omega_2 - I\omega_1 = Mt \tag{11.11}$$

$$I\omega_1 + Mt = I\omega_2 \tag{11.12}$$

$$I_1\omega_1 + Mt = I_2\omega_2 \tag{11.13}$$

ここで，ωは角速度，$I_1\omega_1$は時間1のときの角運動量，$I_2\omega_2$は時間2のときの角運動量，Mtは角力積である．

次に，多くの力が作用するが，それらの力のモーメントの総計がゼロになるときを考えてみよう．この場合には式(11.13)における角力積の合計はゼロになるので，両辺の角運動量が等しくなり，時間tでの角運動量は変化しない．このことから「外か

ら作用する力のモーメントの合計がゼロのとき，物体あるいはシステムの角運動量は変わらない」といえる．このことを角運動量保存の法則（law of conservation of angular momentum）という．

11.5 回転や角速度のコントロール

11.5.1 回転速度のコントロール

　図 11.4 は角運動量保存の法則が成り立つときの慣性モーメントと角速度との関係をモデル的に示したものである．慣性モーメントが大きいときには角速度は小さく，身体部分を回転中心に近づけて慣性モーメントを小さくすると，角速度は大きくなり，再び慣性モーメントを大きくすると角速度は減少する．これと同様のことは，多くのスポーツ運動にみられる．たとえば図 11.5 に示したように，ダイバーは抱え込み姿勢をとったり，身体を伸ばして身体の角速度をコントロールしている．また，摩擦の小さい氷上では角運動量がほぼ保存される状態が生じるので，フィギュアスケーターは腕を身体から離したり，胸に抱え込むようにしてスピンの速さをコントロールしている．このようにモーメントが作用しなくても，角速度を加速したり，減速したりすることができる．

11.5.2 回転方向のコントロール

　一流の走幅跳び選手の多くは，空中で前回りに腕や脚を回転させる，いわゆるシザ

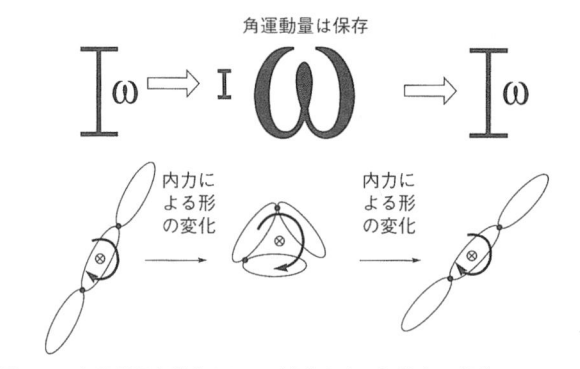

図 11.4　角運動量が保存される（変化しない）場合の慣性モーメントの変化と角速度の関係(Kreighbaum and Barthels, 1996)
慣性モーメントが大きいときには角速度は小さく，身体部分を回転中心に近づけて慣性モーメントを小さくすると，角速度は大きくなる．再び慣性モーメントを大きくすると，角速度は減少する．

ーススタイルで跳躍する．走幅跳びの踏切りでは，前下方から大きな力を受け，選手は前回りの角運動量をもって離地する．しかし，そのままでは胴体が前のめりになって着地で足を前方に出せなくなり，不利になる．そこで，腕や脚を高速で前方に回転させることによって前回りの角運動量を生じる．空中では，身体の角運動量は一定なので，腕や脚の前回りの角運動量が増加した分だけ胴体の前回りの角運動量が減少し，胴体が前のめりになることを防げるのである．このように身体の一部の角運動量が減少し，他の部分の角運動量が増加する現象を，角運動量の伝達あるいは転移（transfer of angular momentum）と呼ぶことがある．

図 11.5 ダイビング姿勢の変化と全身の角速度の関係
ダイバーは抱え込み姿勢をとったり，身体を伸ばして身体の角速度をコントロールしている．

また，回転のコントロールは，姿勢を変えて全身の慣性モーメントの大きさを変化させることによっても可能である．図 11.6 はバレーボールのスパイク動作を示したものである．ボールを打つために腕や上半身の角速度を大きくしようとすると，下半身が逆に回転して不安定になるので，腕を大きく加速しにくくなる．そこで，図 11.6 に示したように，両脚を左右に開いて縦軸まわりの慣性モーメントを大きくし脚が逆方向に大きく回転しないようにしてスパイクを打っている．選手たちはこれらの動作を無意識に行っていると考えられるが，これは角運動量保存の法則に従っている．

体操競技ではさまざまな回転のコントロールがみられるが，選手たちは巧みに姿勢を変えてこれらのコントロールを意図的に行っている．図 11.7 は跳馬においてひねりが生じる過程を示したものである．この場合には，股関節を屈曲して離手した後，まず上半身をひねる（図 11.7 B）．もし身体を伸展したままであれば，下半身の縦軸まわりの慣性モーメントは小さいので，上半身をひねろうとしても下半身が逆に回転してうまくひねれないであろう．しかし，股関節を屈曲しているので，上半身の軸に対する下半身の慣性モーメントはかなり大きく，上半身をひねってもその反作用によ

図 11.6 バレーボールのスパイク動作にみられる無意識的フォームの調整

選手たちは両脚を左右に開き縦軸まわりの慣性モーメントを大きくして，脚が逆方向に大きく回転しないようにしてスパイクを打っている．これらの動作は無意識に行われることが多いが，角運動量保存の法則に従っている．

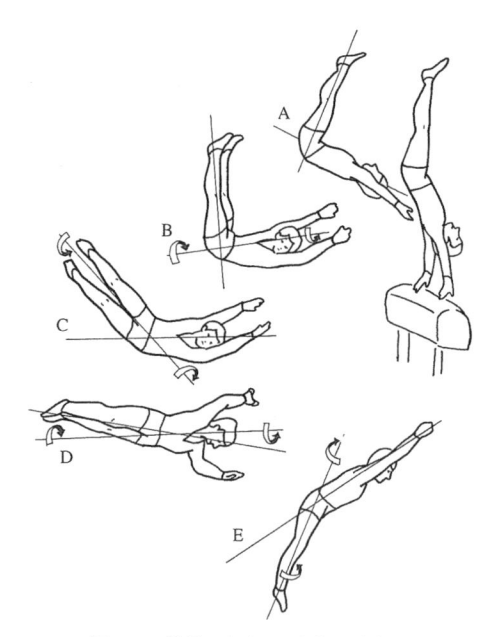

図 11.7 跳馬におけるひねりの発生

選手は，まず上半身をひねり，次に下半身をひねるというように，交互にひねりながら180度身体を縦軸に回転して着地する．また，ネコを仰向けにして落下させたとき，巧みに体をひねり足から着地するのも同様な原理による．

11.5 回転や角速度のコントロール

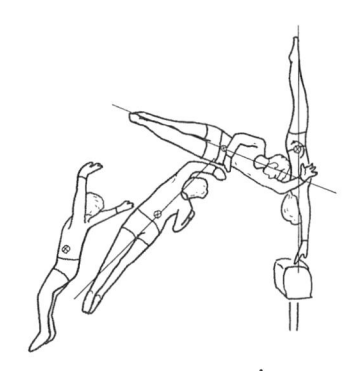

図11.8 伸身ひねりの発生
離手後，後方宙返りしながら素早く右手を体側にそって振り下ろすと，見事にひねりが生じる．

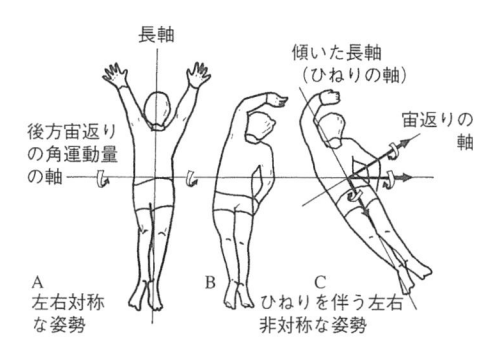

図11.9 宙返りの角運動量の分解
離手時の後方宙返りの角運動量は身体の横軸まわりの成分（宙返りの成分）と縦軸まわりの成分（ひねりの成分）に分けられ，2つの回転軸まわりに身体が回転する．選手が前方宙返りの角運動量を得て離手した場合には，角運動量の方向が図とは逆になるので，ひねりの方向も逆になる．

る回転は小さい．このようにしてまず上半身をひねり，次に下半身をひねるというように（図11.7 C），交互にひねりながら180度身体を縦軸に回転して着地するのである．また，ネコを仰向けにして落下させたとき，巧みに体をひねり，足から着地するのも同様な原理による．

上述したような方法でもひねりを起こすことができるが，体操競技では，伸身でより多くひねる技術が用いられている．図11.8はその例として伸身ひねりを示したもので，離手後，後方宙返りしながら，素早く右手を体側に沿って振り下ろすと，見事にひねりが生じる．これは，図11.9に示したように，宙返りの角運動量をもった左右対称の姿勢から右腕を振り下ろして非対称の姿勢をつくると，身体の回転軸が傾くことによる．空中では角運動量は保存されるが，このような状態では離手時の後方宙返りの角運動量は身体の横軸まわりの成分（宙返りの成分）と縦軸まわりの成分（ひねりの成分）に分けられ，二つの回転軸まわりに身体が回転することになる．選手が前方宙返りの角運動量を得て離手した場合には，角運動量の方向が図とは逆になるので，ひねりの方向も逆になる．また，湯ら（1992）は，選手の形態，宙返りの角運動量，手の振り下ろし方などを変えたときにどの程度のひねりが生じるかをコンピュータシミュレーションによって推定している．なお，この例で回転軸と呼んだ軸は，力学的には慣性主軸（principal axis of inertia）と呼ばれるが，詳細は本書の範囲を越えるので割愛する（詳細は広瀬，1990やベアー，ジョンストン，1982などの文献を

参照).

文　献

Kreighbaum E and Barthels KM(1996)：Biomechanics A Qualitative Approach for Studying Human Movement. 4 th ed., Allyn and Bacon
渋川侃二 (1969)：運動力学．現代保健体育学大系 6，大修館書店
湯　海鵬ほか(1992)：跳馬における空中回転局面のシミュレーション．バイオメカニズム 11（バイオメカニズム学会編），pp. 123-131，東京大学出版会

〔さらに勉強するために〕
ベアー FP，ジョンストン ER（長谷川　節訳）(1982)：工学のための力学（上，下）．原著改訂第 3 版，ブレイン図書出版
広瀬茂男 (1990)：ロボット工学—機械システムのベクトル解析—．裳華房

第12講

関節トルクと関節パワー

　硬い骨も外部から力を受けると変形する．したがって，厳密には骨といえども剛体ではない．しかし，通常の条件では，剛体が摩擦のない関節で連結したシステム（剛体系）に身体をモデル化し，力学的法則を利用することによって身体運動について多くのことを知ることができる．ここでは，第6講，第10講，第11講で学んだことをもとにしながら，剛体リンクモデルの運動方程式をつくり，関節トルクや関節パワーについて述べる．

12.1　剛体リンクモデルと関節トルク

　これまでにもわれわれは，無意識に身体を質点，質点系，剛体，剛体系などにモデル化して考えてきている．たとえば，身体重心の動きを考えるときは身体を重心点（質点）におきかえているし，スティックピクチャーを描いて運動を考えるときは剛体系にモデル化していることになる．

　下肢には多数の筋があるが，これらの筋がどれくらいの大きさの力を，どのようなタイミングで，どのような組み合わせで発揮しているかを知ることは，身体運動の力学的メカニズムを明らかにする上で不可欠なことである．しかし，下肢に関する運動方程式の数と筋の数を比較すると，筋の数のほうが多いため，数学的には解が一意的には定まらない．そこで，筋の出力と筋の横断面積の関係やエネルギーを最小にするように筋は活動する，などのさまざまな条件を仮定して拘束式を増やしたり，筋電図から筋の活動時間や活性度を測定して，筋力を推定する試みが行われている．しかし，この手法（筋骨格モデルによる筋力推定などと呼ばれる）は複雑であり，拘束条件の妥当性についても不明な点も多い．

　そこで，さらに簡単にして摩擦のない関節で剛体が連結されたモデル，すなわち剛体リンクモデルを考え，関節運動（図12.1の例では，股，膝，足の関節の屈曲伸展）を生じるモーメントを算出し，これを筋が関節まわりに発揮した正味のモーメント（ト

ルク）と仮定して，筋の関節トルクを推定することになる．このようにして筋が関節まわりに発揮したトルクを推定する方法を，剛体リンクモデルによる関節トルクの推定と呼ぶ．この方法では推定すべき関節トルクと運動方程式の数が一致するので，パソコンなどにより連立方程式を解くことによって関節トルクを計算することができる．また，関節トルクは筋骨格モデルによって筋力を推定する場合にも不可欠なものである．

関節トルクはスポーツバイオメカニクスはもとより，人間工学，整形外科，リハビリテーション工学などにおけるバイオメカニクスでも重要な概念である．しかし，注意しなければならないのは，このようにして算出された関節トルクは関節まわりに複数の筋群が発揮した筋力の関節まわりのモーメント

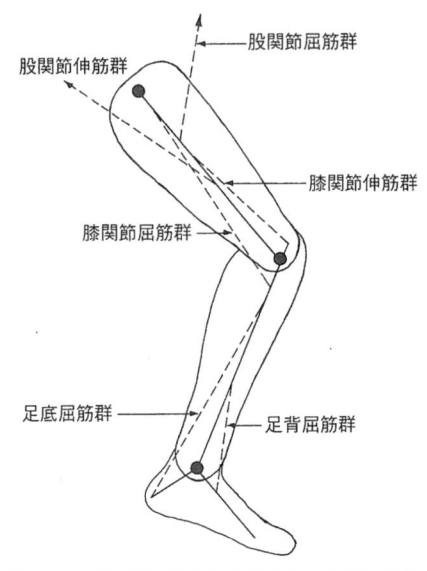

図 12.1 脚の剛体リンクモデルによる筋の関節運動機能の簡略化（仮想筋群の活動）
股，膝，足の関節の屈曲伸展を生じるモーメントを算出し，これを筋が関節まわりに発揮した正味のモーメント（トルク）と仮定して，筋の関節トルクを推定する．

の合計，すなわち正味のモーメントにすぎないということである．たとえば，膝関節の伸筋群が 300 Nm のモーメントを，屈筋群が 100 Nm のモーメントを発揮している場合でも，伸筋群が 200 Nm のモーメントを，屈筋群が筋力を発揮していない場合でも，正味の関節トルクは 200 Nm になる．また，主働筋と拮抗筋が同じ大きさのモーメントを発揮しており，等尺性の筋活動をしている場合には剛体リンクモデルによる方法では関節トルクはゼロと推定されるし，逆に関節トルクが小さくても筋群は大きな筋力を発揮している場合もある．しかし，このような限界があることを知って，関節トルクを適切に解釈すれば，スポーツ運動に関して多くの情報を得ることができる．

12.2 関節トルクの計算

図 12.2 は疾走中の支持脚のフリーボディダイアグラムを示したものである．ここでは，支持脚が二次元運動（平面運動）をすると考えて，支持脚に剛体リンクモデル

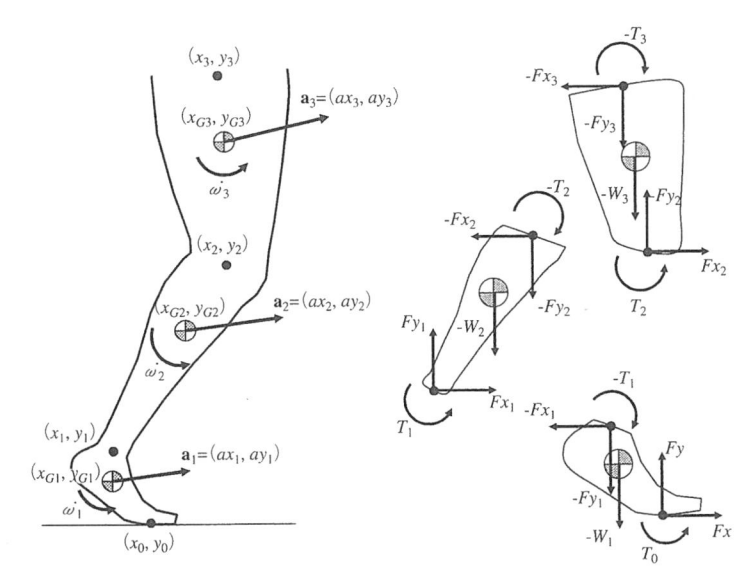

図12.2 疾走中の支持脚のフリーボディダイアグラム

部分に作用すると考えられる地面反力，重力，関節力，関節トルクなどを表示した図を描く．このとき，作用・反作用の法則に従って，隣接する部分から作用する力やトルクは大きさが同じで方向が逆になることを利用する．

を適用して下肢関節の関節トルクや関節力を計算してみよう．その手順は，次のようになる．

① 部分に作用すると考えられる地面反力，重力，関節力（図12.2ではFx_1, Fy_1など），関節トルク（図12.2ではT_1など）などを表示したフリーボディダイアグラムを描く．このとき，作用・反作用の法則に従って，隣接する部分から作用する力やトルクは大きさが同じで方向が逆になることを利用する．なお，力やトルクの方向は仮のものとしてフリーボディダイアグラムを書き，計算すればよい．

② 重心や関節の位置座標などの情報を利用してフリーボディダイアグラムに基づいて，水平方向および鉛直方向の並進運動，そして重心まわりの回転運動の運動方程式を立てる．

③ 部分の質量，重心まわりの慣性モーメントを表5.5から求める．

④ 部分重心の加速度（図12.2ではa_1など），部分の角加速度（図12.2では$\dot{\omega}_1$など）を画像分析などにより算出する．地面反力などの外力が作用するときは，適切な装置（フォースプラットフォーム，張力計など）により測定する．

⑤ 手順③および④で得られたデータを運動方程式に代入して，関節力および関節

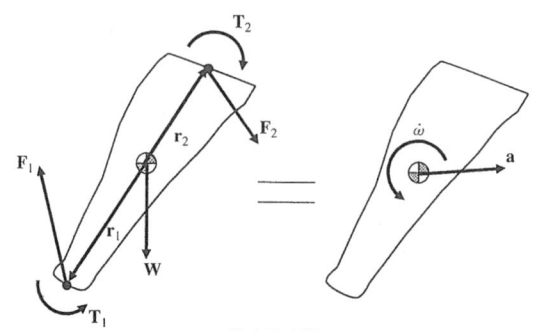

$$\mathbf{F}_1 + \mathbf{F}_2 + \mathbf{W} = m\mathbf{a}$$
$$\mathbf{r}_1 \times \mathbf{F}_1 + \mathbf{r}_2 \times \mathbf{F}_2 + \mathbf{T}_1 + \mathbf{T}_2 = I\dot{\omega}$$

図 **12.3** 下腿に関する運動方程式（ベクトル表記）の例
下腿に関する運動方程式をベクトル表記するとこの図のようになるが，実際には，フリーボディダイアグラムに基づいて成分ごとに計算する．この例は二次元運動なので，水平，鉛直の並進運動と左右軸まわりの角運動について式をつくる．

トルクについて運動方程式を解く（この例では，式が三つ，未知数は三つとなる）．

運動方程式をベクトル表記すると，図 12.3 に示した例（下腿）のようになるが，実際には図 12.2 のフリーボディダイアグラムに基づいて以下のように成分ごとに計算する．この例は二次元運動なので，水平，鉛直の並進運動と左右軸まわりの角運動について式をつくる（行列式については補講 1 参照）．

足部では，

$$Fx - Fx_1 = m_1 a x_1 \tag{12.1}$$

$$Fy - Fy_1 - W_1 = m_1 a y_1 \tag{12.2}$$

$$\begin{vmatrix} x_0 - x_{G1} & y_0 - y_{G1} \\ Fx & Fy \end{vmatrix} + \begin{vmatrix} x_1 - x_{G1} & y_1 - y_{G1} \\ -Fx_1 & -Fy_1 \end{vmatrix} + T_0 - T_1 = I_1 \dot{\omega}_1 \tag{12.3}$$

ここで，式 (12.3′) で $T_0 = 0$ とおいて変形すると，

$$(x_0 - x_{G1}) Fy - (y_0 - y_{G1}) Fx - (x_1 - x_{G1}) Fy_1 + (y_1 - y_{G1}) Fx_1 - T_1 = I_1 \dot{\omega}_1 \tag{12.3′}$$

式 (12.1)〜(12.3′) より Fx_1, Fy_1, T_1 を求めると，

$$Fx_1 = Fx - m_1 a x_1$$

$$Fy_1 = Fy - m_1 a y_1 - W_1$$

$$T_1 = (x_0 - x_{G1}) Fy - (y_0 - y_{G1}) Fx - (x_1 - x_{G1}) Fy_1 + (y_1 - y_{G1}) Fx_1 - I_1 \dot{\omega}_1$$

下腿部では，

$$Fx_1 - Fx_2 = m_2 a x_2 \tag{12.4}$$

$$Fy_1 - Fy_2 - W_2 = m_2 a y_2 \tag{12.5}$$

$$\begin{vmatrix} x_1 - x_{G2} & y_1 - y_{G2} \\ Fx_1 & Fy_1 \end{vmatrix} + \begin{vmatrix} x_2 - x_{G2} & y_2 - y_{G2} \\ -Fx_2 & -Fy_2 \end{vmatrix} + T_1 - T_2 = I_2 \dot{\omega}_2 \quad (12.6)$$

ここで，式(12.6)を変形すると，

$$(x_1 - x_{G2}) Fy_1 - (y_1 - y_{G2}) Fx_1 - (x_2 - x_{G2}) Fy_2 + (y_2 - y_{G2}) Fx_2 + T_1 - T_2 = I_2 \dot{\omega}_2 \quad (12.6')$$

式(12.4)〜(12.6')より Fx_2, Fy_2, T_2 を求めると，

$$Fx_2 = Fx_1 - m_2 ax_2$$

$$Fy_2 = Fy_1 - m_2 ay_2 - W_2$$

$$T_2 = T_1 + (x_1 - x_{G2}) Fy_1 - (y_1 - y_{G2}) Fx_1 - (x_2 - x_{G2}) Fy_2 + (y_2 - y_{G2}) Fx_2 - I_2 \dot{\omega}_2$$

大腿部では，

$$Fx_2 - Fx_3 = m_3 ax_3 \quad (12.7)$$

$$Fy_2 - Fy_3 - W_3 = m_3 ay_3 \quad (12.8)$$

$$\begin{vmatrix} x_2 - x_{G3} & y_2 - y_{G3} \\ Fx_2 & Fy_2 \end{vmatrix} + \begin{vmatrix} x_3 - x_{G3} & y_3 - y_{G3} \\ -Fx_3 & -Fy_3 \end{vmatrix} + T_2 - T_3 = I_3 \dot{\omega}_3 \quad (12.9)$$

ここで，式(12.9)を変形すると，

$$(x_2 - x_{G3}) Fy_2 - (y_2 - y_{G3}) Fx_2 - (x_3 - x_{G3}) Fy_3 + (y_3 - y_{G3}) Fx_3 + T_2 - T_3 = I_3 \dot{\omega}_3 \quad (12.9')$$

式(12.7)〜(12.9')より Fx_3, Fy_3, T_3 を求めると，

$$Fx_3 = Fx_2 - m_3 ax_3$$

$$Fy_3 = Fy_2 - m_3 ay_3 - W_3$$

$$T_3 = T_2 + (x_2 - x_{G3}) Fy_2 - (y_2 - y_{G3}) Fx_2 - (x_3 - x_{G3}) Fy_3 + (y_3 - y_{G3}) Fx_3 - I_3 \dot{\omega}_3$$

12.3　関節トルクパワーおよび関節力パワーの計算

　上述したようにして関節トルクや関節力が算出できると，これらがどれくらいのパワーを発揮しているか，さらにどれくらいの仕事をしたのかなどを推定することができる．

　第9講の式(9.13)，(9.14)を関節に適用することによって，関節トルク（関節まわりの筋による正味のモーメント）および関節力（関節に作用する力）のパワーを知ることができる．すなわち，関節トルクパワー（P_t）は関節トルク（**JT**）と関節角速度（**JAV**）の内積，また関節力パワー（P_f）は関節力（**JF**）と関節速度（**JV**）の内積により算出できる．二次元運動の場合には，以下のようになる．

$$P_t = \mathbf{JT} \cdot \mathbf{JAV}$$

$$P_f = \mathbf{JF} \cdot \mathbf{JV} = JF_x JV_x + JF_y JV_y$$

　また，関節トルクが角速度（**SAV**）で回転している身体部分に作用する場合には，以下のようにして関節トルクによって部分に発揮されたパワー（セグメントトルクパ

ワー，segment torque power と呼ぶ，P_{st}）を計算することができる．なお，隣接する部分について関節トルクパワーなどを計算する場合には，関節力と関節トルクの符号は作用・反作用の法則により逆になることに注意する（たとえば，$Pt' = -\mathbf{JF} \cdot \mathbf{JAV'}$）．

$$P_{st} = \mathbf{JT} \cdot \mathbf{SAV}$$

そして，これらのパワーをパワーが発揮された時間（たとえば，t_1 から t_2）で数値積分すると，関節トルクや関節力によってなされた仕事を計算することができる．

関節トルクによりなされた仕事： $W_{jt} = \int_{t_1}^{t_2} P_t dt$

関節力によりなされた仕事： $W_{jf} = \int_{t_1}^{t_2} P_f dt$

12.4 関節トルク，関節トルクパワーのバイオメカニクス的解釈

関節トルクおよび関節トルクパワーのデータを動作と関連づけて解釈する場合には，関節トルクが関節まわりの筋群によって発揮された正味のモーメントであることを忘れてはならないが，関節トルク，関節角速度の正および負をそれぞれ伸展および屈曲と考えると，表12.1に示したような仮想筋群の活動の種類や働きを推測することができる．たとえば，関節トルクが正であり，関節角速度が負であれば，関節トルクパワーは負となるが，この場合には，その関節の伸筋群がエクセントリックな筋活動によってパワーを発揮していると解釈できる．したがって，関節トルクパワーを解釈する場合には，大きさのほかにそのときの関節トルクの正負を考慮する必要がある．

表 12.1 関節トルクおよび関節トルクパワーからみた仮想筋群の活動

関節トルク	関節角速度	関節トルクパワー	仮想筋群の活動
伸展トルク(+)	伸展(+)	正のパワー	伸筋群のコンセントリックな活動によるパワー
	屈曲(−)	負のパワー	伸筋群のエクセントリックな活動によるパワー
	固定 (角速度ゼロ)	ゼロ	伸筋群のアイソメトリックな活動による力の発揮
屈曲トルク(−)	伸展(+)	負のパワー	屈筋群のエクセントリックな活動によるパワー
	屈曲(−)	正のパワー	屈筋群のコンセントリックな活動によるパワー
	固定 (角速度ゼロ)	ゼロ	屈筋群のアイソメトリックな活動による力の発揮

12.4 関節トルク，関節トルクパワーのバイオメカニクス的解釈　95

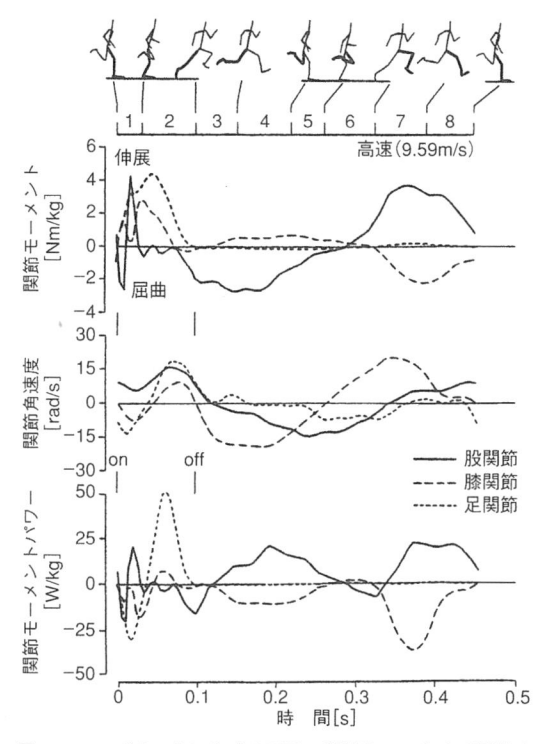

図 12.4 スプリントにおける下肢の関節トルクおよび関節トルクパワー（阿江ら，1986）

股関節についてみると，足が離地し回復脚が前方に引き出されるあたりでは，股関節屈筋群トルク（−）が優位で，股関節は屈曲（−）しているので，パワーは正となる．回復脚の接地前の膝関節についてみると，膝関節屈筋群トルク（−）が優位で，膝関節角速度は正（＋）となり，パワーは負となる．

なお，関節トルクの発揮があっても，関節角速度がゼロのときは，関節は固定されていることになるのでパワーは算出できないが，関節トルクの積分値（角力積という）によって筋群の働きを推定することは可能である．

関節トルクおよび関節トルクパワーの例（図 12.4）をスプリントにおける下肢関節について示すと，以下のようになる．

股関節についてみると，足が離地し回復脚が前方に引き出されるあたりでは（局面 3〜5）股関節屈筋群トルク（−）が優位で，股関節は屈曲，すなわち股関節角速度は負（−）となっている．したがって，このときのパワーは正となるので，股関節屈筋群がコンセントリックな筋活動によってパワーを発揮していると解釈できる．膝関節

についてみると,回復脚の接地前(局面7,8)に着目すると,膝関節屈筋群トルク(-)が優位で,膝関節は伸展,すなわち膝関節角速度は正(+)となり,その結果,パワーは負となる.したがって,この局面では膝関節屈筋群がエクセントリックな筋活動によってパワーを発揮していると考えることができる.

最近では,投動作,テニスのストロークやサーブ,サッカーのキックなどの三次元運動における関節トルクなどが計算されるようになり,多くの知見が得られるようになっている.三次元運動における関節トルクの計算は二次元の場合に比べるとやや複雑になるが,関節トルクの意味や解釈などは二次元運動の場合と同じである.したがって,二次元運動における関節トルク,関節トルクパワーなどの意味を理解しておくことが三次元関節キネティクスの基礎にもなる.

文　献

阿江通良ほか(1986):機械的パワーからみた疾走における下肢筋群の機能および貢献度.筑波大学体育科学系紀要　9:229-239
宮西智久ほか(1977):野球の投球動作における体幹および投球腕の力学的エネルギー・フローに関する3次元解析.体力科学　46(1):55-68
布目寛幸ほか(1999):サッカーにおける各種キックの三次元力学解析.バイオメカニクス概論,第14回日本バイオメカニクス学会大会編集委員会(山梨大学),pp.318-322
島田一志ほか(2000):野球のピッチング動作における体幹および下肢の役割に関するバイオメカニクス的研究.バイオメカニクス研究　4(1):47-60

〔さらに勉強するために〕
Winter DA (1990):Biomechanics and Motor Control of Human Movement. 2 nd ed., Wiley Interscience

第 13 講

流 体 力 1
―空気の力とスポーツ―

　陸上競技の 100 m や走幅跳びなどの記録は，追い風が 2 m/s を越えた場合には公認されない．これは風がスポーツのパフォーマンスに影響を及ぼすことを示す例の一つであるが，このほかにも空気や水などの流体力の影響を大きく受けるスポーツには，スピードスケート，自転車競技，ヨット，ウィンドサーフィン，ハンググライダー，水泳などがあり，また球技におけるボールの軌跡なども影響を受ける．ここでは，空気力に影響を及ぼすおもな要因を説明することにする．

13.1 空 気 抵 抗

　図 13.1 は，静止した空気の中をボールが進んでいる場合の，ボールの周辺の空気の流れを示したものである．図 13.1(a) のようにボールの速度が小さい場合には，物体のまわりの空気は層をなして流れる（このような流れを層流という）が，ボールと空気，さらに層流と層流の間には摩擦によって抵抗が生じる．このような抵抗は表面抵抗と呼ばれるが，大きさは小さい．

　図 13.1(b) のようにボールが高速で動くと，ボールにぶつかった空気がボールに引きずられ，ボールからすぐには離れていかないので，ボールの後方には空気の流れに乱れ（乱流）が生じる．このような乱流が生じると，ボールの後方は陰圧になりボールを後方に引く力（抵抗）が生じる．しかし，図 13.1(c) のような流線形の物体では乱流が小さくなるので，抵抗も小さくなる．水中を高速で泳ぐ魚，高速船などが流線形になっているのはこのためである．このような抵抗は，物体の形状に関係があることから形状抵抗と呼ばれることがある．

　一般に，空気中を物体が傾斜して進む場合には，動きの方向と逆向きの力のほかに，動きの方向に垂直な力と物体を回そうとするモーメントが作用する．動きと逆向きの力を抗力（drag），抗力に垂直な力を揚力（lift），そしてモーメントを縦揺モーメント（pitching moment）という．本講では，このうち抗力および揚力がスポーツ運動

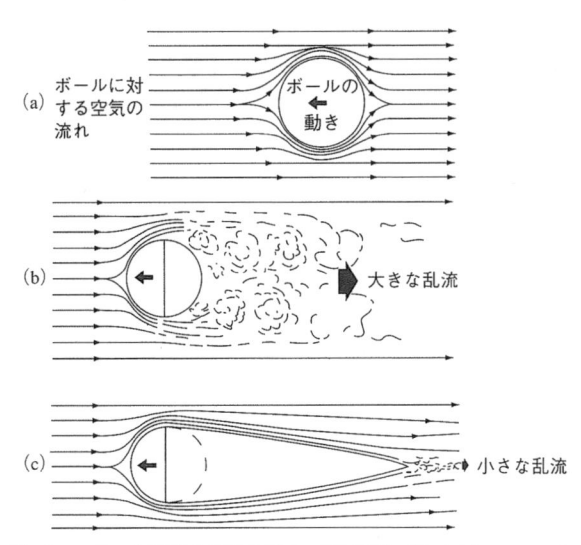

図 13.1 ボール周辺の空気の流れ（模式図）(Kreighbaum and Barthels, 1996)

(a)のようにボールの速度が小さい場合には，物体のまわりの空気は層をなして流れる（このような流れを層流という）．(b)のようにボールが高速で動くと，ボールにぶつかった空気がボールに引きずられ，ボールからすぐには離れていかないので，ボールの後方には空気の流れに乱れ（乱流）が生じる．しかし，(c)のような流線形の物体では乱流は小さくなるので，抵抗も小さくなる．

に及ぼす影響について説明することにする．

13.1.1 抗力の影響

抗力（F_d）の大きさは，通常，以下の式で表される．

$$F_d = \frac{1}{2} C_d A \rho V^2 \tag{13.1}$$

ここで，C_d は抗力係数，A は流れに垂直な面での物体の面積（断面積），ρ は流体の密度，V は流体と物体の相対速度である．

a. 抗力係数

抗力係数は，物体の形状に大きな影響を受け，一般に流線形をしたものは小さい．表 13.1 は風洞実験で測定された抗力係数を示したものである．この表から，抗力係数は，① 選手の姿勢や衣服などによって異なる，② スピードスケートでは片腕を振ったほうが小さい，③ 円盤では傾きによって大きく異なることなどがわかる．なお，抗

表 13.1 さまざまな物体や姿勢の抗力係数（Kreighbaum and Barthels, 1996；渋川，1969；Walpert and Kyle, 1989）

物体や姿勢	抗力係数	物体や姿勢	抗力係数
滑らかな球体	0.4〜0.44	サイクリスト（マネキン）	0.56
パラシュート	1.2	スキー（卵型姿勢）	0.68
立位姿勢	0.91	スピードスケーター，両腕を背中で組む	0.80
走者（マネキン）	0.73	スピードスケーター，片腕を背中で組む	0.75
走者（マネキン），3.2 m/s の向風	0.82	リュージュ	0.62
走者（マネキン），大きな衣服	0.77	円盤（傾き 11 度）	0.1
走者（マネキン），大きなシューズ	0.74	円盤（傾き 35 度）	0.68

力係数は条件によって変わるので，表 13.1 に示した値は絶対的なものではなく，ある条件のもとで測定されたものであることに注意する必要がある．

また，抗力係数は流体と物体の相対速度によって変化することが知られており，抗力係数が変化する速度のことを臨界速度ということがある．たとえば，野球のボールの推定臨界速度は 40 m/s 程度であるといわれているが，この臨界速度よりも球速が大きくなれば抗力係数は小さくなり（推定値 0.18），球速が小さくなれば抗力係数は大きくなる（推定値 0.44）．このことは，野球のピッチャーの投げるボールの速度が疲労などによってわずかに低下しても，それが臨界速度以下になれば空気抵抗が急に大きくなるので，ボールが打者に届くまでの時間が長くなり，打たれる可能性が高くなることを示唆する．

b. 流れに対する断面積

流れに対する断面積が空気抵抗の大きさを左右することは，風の強い日に自転車で走ることを考えれば，すぐにわかるであろう．実際の運動で断面積がどの程度になるかはその人の形態に大きく影響を受けるが，走者ではおよそ $0.15 \times (身長)^2$ と推定されている．また，実測した例では，身長 1.7 m，体重 68 kg のマネキンでは疾走中の姿勢で 0.415 m^2，立位で 0.516 m^2，サイクリング姿勢で 0.313 m^2，身長 1.83 m，体重 74.7 kg の人間では立位で 0.605 m^2，スキーの卵型姿勢で 0.554 m^2 とされている．

c. 流体の密度

メキシコシティ（海抜 2268 m）では空気の密度は平地よりも 24% 小さい．そのため，空気抵抗が減少し，統計的なデータでは陸上競技の短距離の記録は 1.7% 程度，走幅跳びでは 20 cm ほど記録がよくなると見積もられている．したがって，陸上競技では高地記録と呼んで区別することがある．

表13.2 100 m走の記録への風速の影響（Ward-Smith, 1984, 1985）

風速 [m/s]	向かい風 (s)	追い風 (s)
1	0.09	−0.10
3	0.26	−0.34
5	0.38	−0.62

d. 流体と物体の相対速度

抗力は，式(13.1)に示すように速度の2乗で決まるので，速度の影響はきわめて大きい．Ward-Smith (1984, 1985) は100 m走記録への風の影響を表13.2のように推定している．

また，国土と松浦 (1991) は，風と陸上競技の記録との関係を統計的に検討し，100 mについて以下のような修正式を提案している．

$$\text{修正記録} = \text{実測記録} + 0.0671 \times \text{風速} \quad [\text{m/s}]$$

以上のことを短距離走にあてはめて疾走中の空気抵抗を計算すると，身長1.7 mの走者（断面積を0.415 m²，抵抗係数を0.77と仮定）が気温20度，無風の条件で走った場合には，秒速10 m/sでは18.9 N，秒速11 m/sでは22.9 N，秒速12 m/sでは27.2 Nとなる．これは，短距離走のトレーニングで用いられる牽引走の至適張力2 kg重（19.6 N）にほぼ相当する．

13.1.2 ボールの表面の影響

バレーボールのフローターサーブでは，ボールの回転が小さいとき，ボールの縫い目が不揃いのため生じる乱流によって，ボールが予想できないような動き（たとえば，左右のゆれ）をする．また，ゴルフボールでは，表面のくぼみ（ディンプル）によって生じる小さな乱流によってボールから空気がはがれにくくなり，ボールの後方にできる乱流が小さくなる．そのため，空気抵抗が小さくなるといわれている．このような現象を利用して，空気抵抗を減少させるスポーツウエアの開発が行われている．

13.2 揚力の影響

揚力は図13.2に示したように，抗力と直角の方向に作用する．揚力（F_L）の大きさは以下の式で表される（抗力の式(13.1)と類似していることに注意）．

$$F_L = \frac{1}{2} C_L A \rho V^2 \tag{13.2}$$

ここで，C_Lは揚力係数，Aは流れに垂直な面での物体の面積（断面積），ρは流体

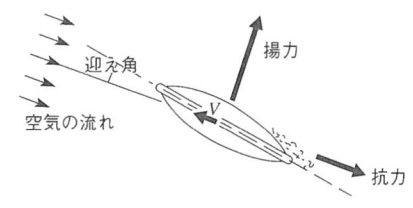

13.2 揚力の影響

図 13.2 傾斜して移動する物体に作用する抗力と揚力
空気中を物体が傾斜して進む場合には，動きの方向と逆向きの力のほかに，動きの方向に垂直な力と物体を回そうとするモーメントが作用する．動きと逆向きの力を抗力，抗力に垂直な力を揚力，モーメントを縦揺モーメントという．

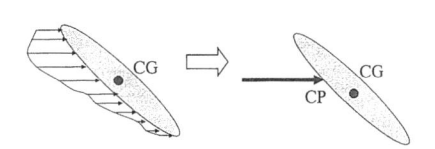

図 13.3 物体に作用する空気の圧力中心
圧力中心と物体の重心位置との関係によって，物体に作用する流体力のモーメント（ピッチングモーメント）が変化する．

の密度，V は流体と物体の相対速度である．

a. 揚力係数

陸上競技の投擲物の揚力係数は，槍が 0.25，傾き 2 度の円盤では 0.1，傾き 35 度の円盤では 0.7 と推定されており，揚力係数が 0.7 の場合の円盤は失速するといわれている．円盤投げの初心者が勢いよく円盤を投げ出しても，高く上がるだけで失速して落下することが多いのは，円盤の傾きが大きすぎるためと考えられる．

b. 圧力中心とピッチングモーメント

図 13.3 は，流体が物体に及ぼす圧力の分布がある点に集中したと考えた場合を示したもので，このような点を圧力中心という．圧力中心と物体の重心位置との関係によって，物体に作用する流体力のモーメントが変化する．たとえば，槍の圧力中心が重心から前方に離れすぎていると，空気力によって槍の先は上向きになり，空気抵抗が大きくなって失速する．そのため，一流選手は投げ出しではやや前向きの回転速度をもって槍を投射している．

c. 迎え角と揚力

揚力は流体の流れの方向と物体との関係によっても大きく変化する．図 13.4 に示した円盤を例にすると，円盤の投射角（重心の速度ベクトルと水平線のなす角度）と姿勢角（円盤の中心面と水平線のなす角度）の差を迎え角という．円盤投げの一流選手の場合は迎え角は負になるが，これは選手が

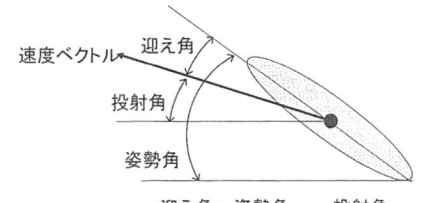

図 13.4 投射角，姿勢角，迎え角の定義（例：円盤）
迎え角＝姿勢角 － 投射角

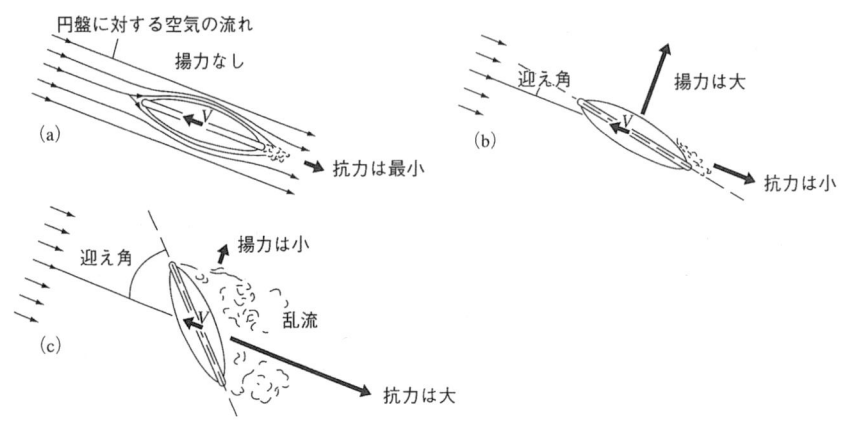

図 13.5 迎え角と抗力および揚力の関係（例：円盤）

迎え角がないと揚力もないが，逆に迎え角が大きすぎると抗力が大きくなりすぎて失速する．一流選手の投げた円盤の迎え角は負になることが多い．これは選手が経験的につかんだもので，飛行中に作用する空気力によるモーメントによって姿勢角が増して（円盤が立ち），揚力係数や抗力が大きくなりすぎるのを避ける効果があると考えられる．

経験的につかんだもので，飛行中に作用する空気力によるモーメントによって姿勢角が増して（円盤が立ち），揚力係数や抗力が大きくなりすぎるのを避ける効果がある（図 13.5 参照）．

13.3 マグヌス効果―回転している物体への揚力の影響―

図 13.6 に示したように，回転しているボールの表面の空気は，物体の回転と同じ方向に動いている．図に示した例では，ボール上部の空気は前方からの空気の流れとぶつかり流速が小さくなるが，ボール下部では空気の流れは速くなる．このような状況では，ボール上部の圧力は大きく，下部では小さくなることが知られており，この圧力差がボールを押し下げることになる．このような現象をマグヌス効果といい，この力をマグヌス力と呼ぶ．マグヌス力の方向はボールの回転方向によって変化するので，カーブ，シュートなどの変化球が投げられ，サッカーのカーブシュート，ゴルフのフック，スライスなどが生じるのである．

図 13.7 はテニスのトップスピンボールに作用する力を示したものである．トップスピンの場合には，マグヌス力はボールの進行方向に対して下向きに作用する．これを水平と鉛直の成分に分けてみると，ボールが上昇している局面では水平成分は前向きに働くのでボールを加速することになるが，下降している局面では後向きになり

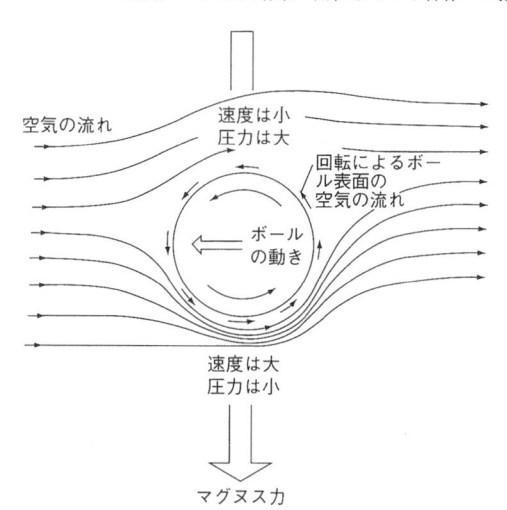

図 13.6　回転している物体に作用するマグヌス力
マグヌス力の方向はボールの回転方向によって変化するので，カーブ，シュートなどの変化球が投げられ，サッカーのカーブシュート，ゴルフのフック，スライスなどが生じるのである．

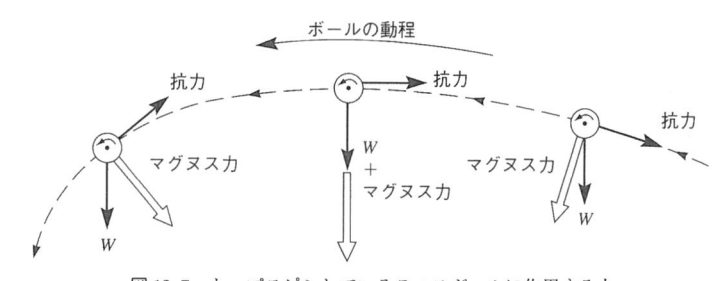

図 13.7　トップスピンしているテニスボールに作用する力
マグヌス力はボールの進行方向に対して下向きに作用する．これを水平と鉛直の成分に分けてみると，ボールが上昇している局面では，水平成分は前向きに働くのでボールを加速することになるが，下降している局面では後向きになりボールを減速させることになる．

ボールを減速させることになる．一方，スライスボールの場合はこの逆になり，マグヌス力は上昇局面ではボールを減速するが，下降局面では加速することになる．実際には，これに空気の抗力が作用するので，結果的にはボールは空中では減速するが，ボールの回転方向によって減速の程度が異なる．たとえば，スライス回転で投げ下ろすのであれば，水平に投げるよりも減速は小さくなる可能性がある．したがって，野

球のピッチングではスライス(アンダースピン)回転でリリースされたボールの減速は小さくなるので,初速度と終速度の差は小さくなる.

文　　献

国土将平,松浦義行 (1991):陸上競技における個人の競技力特性評価モデル定立にかかわる仮定の妥当性に関する検討.いばらき体育・スポーツ　6:38-47
Kreighbaum E and Barthels KM (1996):Biomechanics A Qualitative Approach for Studying Human Movement. 4 th ed., Allyn and Bacon
渋川侃二 (1969):運動力学.現代保健体育学大系 6,大修館書店
Walpert RA and Kyle CR (1989):Aerodynamics of the human body in sports. Congress Proceedings of XII International Congress of Biomechanics, p. 436, UCLA, Los Angels, USA
Ward-Smith AJ (1984):Air resistance and its influence on the biomechanics and energetics of sprinting at sea level and at altitude. J. of Biomechanics. 17:339-347
Ward-Smith AJ (1985):A mathematical analysis of the influence of adverse and favourable winds on sprinting. J. of Biomechanics. 18:351-357

第14講

流 体 力 2
―水の力とスポーツ―

　アクアティックスポーツなどでは，水中における動きのバイオメカニクス的原則を理解し水の力をうまく利用することは，パフォーマンスの向上のみでなく，効果的な指導を行ったり安全に楽しむためにも不可欠なことである．

14.1　浮心と重心

　アルキメデスの原理によると，水中の物体はその物体が押しのけた水の重量に等しい浮力を受ける．身体の密度は一般には水の密度よりやや大きいが，空気をいっぱいに吸い込むと身体の体積は約3000 cc 増えるので，その分に相当するだけ浮力が増え，総浮力が体重をわずかに上回り，通常であれば身体は浮くといわれている．しかし，身体を水平にした姿勢を保つ，いわゆる'浮き身'をしようとすると，足から徐々に沈みだし，最後には顔も沈んでしまう人もいる．これは体脂肪が少なく，脚部の筋群が発達した陸上競技やサッカーの選手では特に著しいようである．

　浮き身の姿勢は，浮心(center of buoyancy)と重心との関係によって決まってくる．浮心とは浮力の中心のことで，物体が水中で押しのけた水の体積中心に相当し，全身が水平に水中に浸かると胸のあたりにあって，重心よりもやや頭部寄りに位置する．

　図14.1は浮心と重心の位置関係が水中における姿勢にどのような影響を及ぼすかを示したものである．図14.1(a)のような状態では，浮心には上向きの浮力が，重心には下向きの重力が働くので，身体には時計回りのモーメントが作用し，脚が沈むことになる（図14.1(b)）．そして，身体がかなり沈み，浮心と重心が一直線上に並ぶと，モーメントアーム，そしてモーメントがゼロになり身体の回転は止まる（図14.1(c)）．

　上述したとおりならば，脚が重い人でも沈まず少なくとも顔は水面に出ており，呼吸ができるはずである．しかし，先にも述べたように下半身の重い人は沈んでしまうことが多いようである．これは，下半身が重い人では下半身の沈む速度が大きく（運

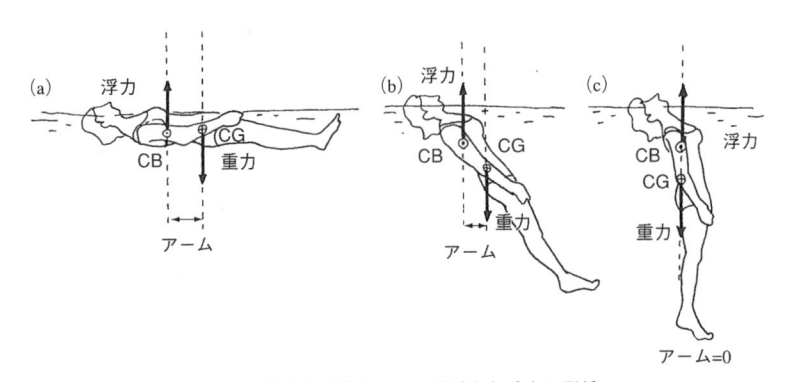

図 14.1　浮き身姿勢におよぼす浮心と重心の関係
(a)では，浮心には上向きの浮力が重心には下向きの重力が働くので，身体には時計まわりのモーメントが作用し，(b)のように脚が沈む．さらに身体がかなり沈み，(c)のように浮心と重心が一直線上に並ぶと，モーメントアーム，そしてモーメントがゼロになり身体の回転は止まる．Bは浮心，CGは重心を示す．

動量が大きいので），モーメントがゼロになってもしばらくは下半身が沈み続け，顔が水中に引きずり込まれることになるためと考えられる．このような人が，いわゆる'浮きにくい人'と呼ばれるのであろう．逆に，脂肪が腹部に蓄積している人，妊婦のように腹部が大きな人では，浮力が増すばかりでなく，浮心が腰の近くに位置して重心との距離が近く，モーメントも小さくなるので，浮きやすい．

14.2　浮き身姿勢のコントロール

下半身が重く，いわゆる浮きにくい人でも，姿勢を適切に変えることによって，ある程度浮けるようになる．浮き身では，浮力は浮心に，重力は重心に鉛直に作用するので，両者の作用線は平行になる．しかし，図14.1に示したように，両者の作用線が一致しない場合には，浮力と重力のモーメントが作用するので，身体は回転する．一般には，重心は浮心よりも足に近いので脚が沈み始めることが多く，脚部の筋群が発達した人ではその傾向が強い．その後，身体が徐々に沈み，浮心と重心の作用線が一致すると，モーメントがゼロになる．図14.2(a)は水平姿勢から腕を左右に広げ，膝を曲げた姿勢を示したものである．このような姿勢をとると，浮心が腰の方に移動し，重心が頭部のほうに動いて浮心に近づく．そして，最終的には両者が一直線上に並んでモーメントがゼロになり，これ以上沈まなくなる．さらに図14.2(b)のように，腕を頭上に伸ばし，手を水から出すと，手の浮力がなくなるので，浮心を重心に近づけることができ，同様の効果が得られる．このように姿勢を変え，浮心と重心の位置

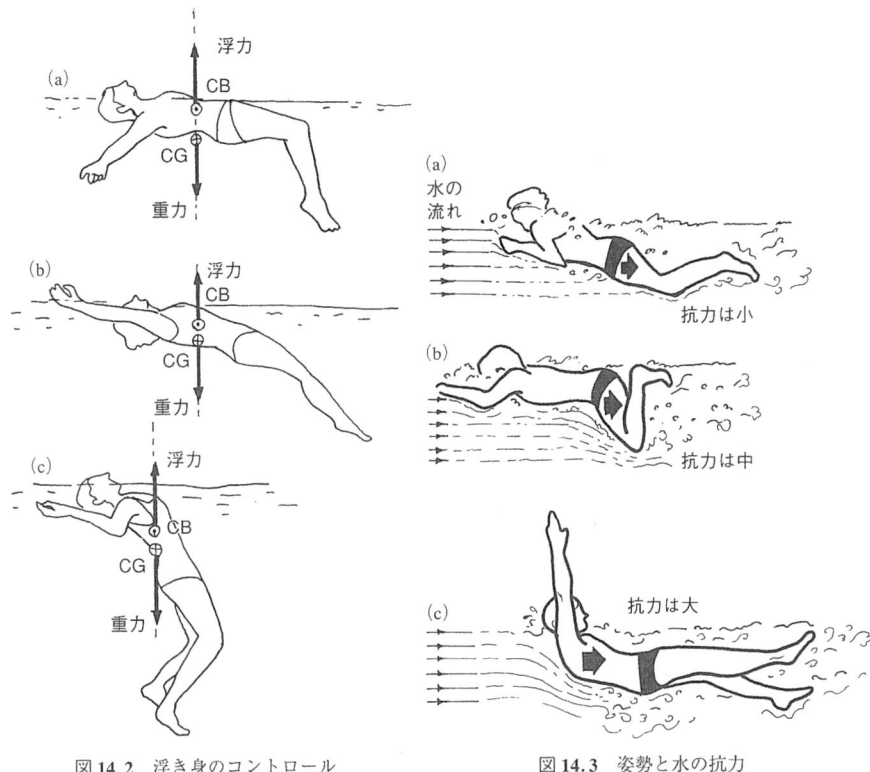

図 14.2 浮き身のコントロール
姿勢を変えて浮心と重心の位置関係を変えることによって身体に作用するモーメントの大きさをコントロールすることにより，浮き身が可能となる．

図 14.3 姿勢と水の抗力
(a)のような姿勢では身体，特に脚の後方に生じる乱流が小さく，抵抗力は小さくなる．しかし，(b)や(c)のような姿勢では，ともに大きな乱流が生じ，抵抗力は大きくなる．

関係を変えることによって身体に作用するモーメントの大きさがコントロールでき，浮き身が可能となる．

14.3　水による推進力

14.3.1　正味の推進力

　水泳における推進力（F_P）は，式(14.1)に示したように腕のプルや脚のキックで生じた推進力（$\sum F_{pj}$）と水の抵抗力（$\sum F_d$）との差である．したがって，水泳では，推進力を増すとともに，水の抵抗力を減少させることが重要になる．たとえば，若年

の水泳選手が好記録を出すのは，一つには筋力等の発達が十分ではないので推進力には劣るが，身体が小さいために抵抗力が小さく，正味の推進力が大きいことによると考えられる．

$$F_p = \sum F_{pj} - \sum F_d \qquad (14.1)$$

水の抵抗力には，表面抵抗力，形状抵抗力，造波抵抗力がある．表面抵抗力とは，水と水の間あるいは水と物体の間の表面に生じる摩擦力によって生じるもので，流体の粘性，流速，流れに平行な表面積，表面の粗さに影響を受ける．形状抵抗は物体の形状によって生じる乱流によるもので，物体の形状，流速，断面積の影響を受ける．流線形をした物体の抵抗力が小さいのは，形状抵抗が小さいためである．造波抵抗力は，水と空気の境界，水中を進む物体や身体の先端に生じる水の持ち上がりなどによって生じるものである．たとえば，平泳ぎで身体を水中に完全に浸けると，造波抵抗力を小さくできる．水の抵抗のうち，水泳では形状抵抗力と造波抵抗力が大きいと考えられる．図 14.3 は姿勢によって形状抵抗力や造波抵抗力がどのように異なるかを示したものである．図 14.3(a) のような姿勢では身体，特に脚の後方に生じる乱流が小さく，抵抗力は小さくなる．しかし，図 14.3(b) や (c) のような姿勢では，ともに大きな乱流が生じ，抵抗力は大きくなる．水泳で脚が沈むとうまく進まないのはそのためである．

14.3.2 抗力と揚力による推進力

水の抵抗力は水泳にはマイナスの影響を及ぼすが，流れの方向に生じる抗力や揚力をうまく利用することによって，推進力を生み出すことができる．図 14.4 は抗力によって推進力が生み出される様子を示したものである．水の中で手をかくと，手にはその動きと反対方向に水の抵抗力が作用するが，この力は泳者を前方に進める推進力となる．第 13 講で述べたように，抗力の大きさは抵抗係数，断面積，水の密度，手の

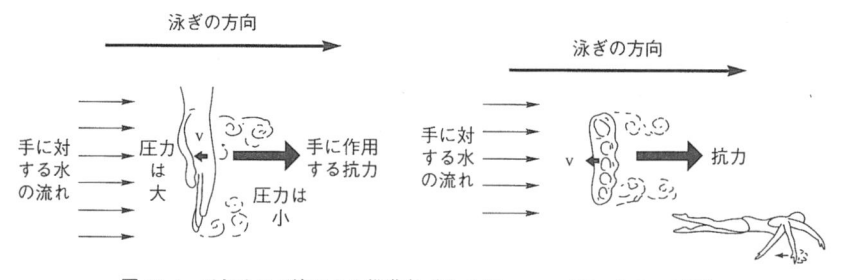

図 14.4 パドリング法による推進力 (Kreighbaum and Barthels, 1996)
手を水の中でかくと，手にはその動きと反対方向に水の抗力が作用するが，この力は泳者を前方に進める推進力となる．

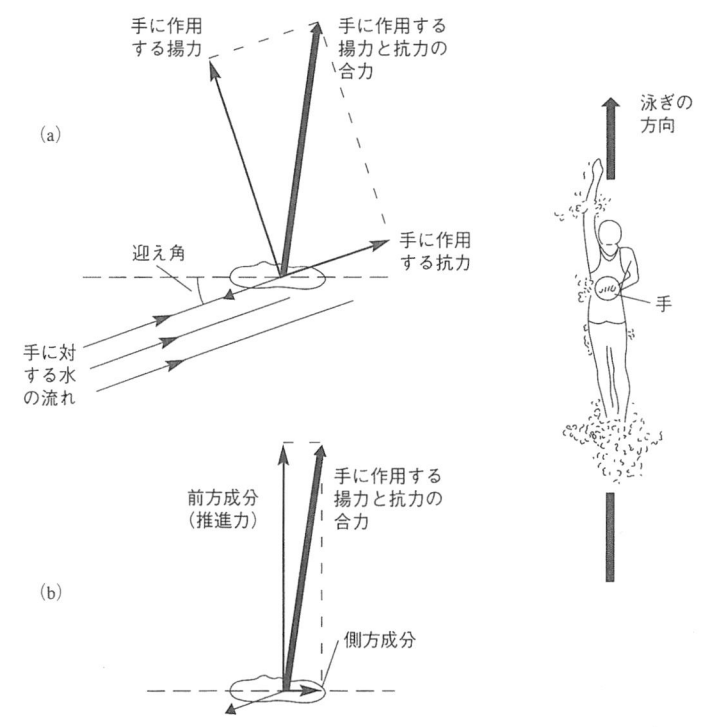

図 14.5 手に作用する水の抗力と揚力（Kreighbaum and Barthels, 1996）
水の中で手の平をやや傾けて動かすと，手には手の動きと反対方向の抗力とそれに垂直な方向の揚力が作用する．そして，(b)に示したように抗力と揚力の合力の前方への成分が推進力となる．

水に対する速度によって決まってくるが，実際には，抗力係数や断面積の大きさは手の開き具合いや手や腕の形状に，手の水に対する速度は手や腕をかく速度に依存する．しかし実際には，優れた水泳選手は手をまっすぐ後方に動かして推進力を得ているわけではない．この方法では，大きな抗力を得るためには手や腕を後方に大きな速度で大きく動かさなければならないが，このようにすると後方へ動いている手や腕と抗力で得られた推進力によって生じる身体の動きが逆向きになるので，正味の身体の前方への動きが小さくなる．したがって，抗力のみに頼る方法（パドリング法，櫂法）はあまり有効な推進力の獲得方法とはいえない．

　図 14.5(a)は水中において手に作用する抗力と揚力を示したもので，揚力を利用して推進力を得る方法（スカーリング法，櫓法）の原理を説明したものである．水の中で手の平をやや傾けて（迎え角をもたせて）動かすと，手には手の動きと反対方向の

抗力とそれに垂直な方向の揚力が作用する．そして，図14.5(b)に示したように抗力と揚力の合力の前方への成分が推進力となる．水泳選手の腕の動きをみると（図14.6），入水した後，手掌をまず外側へ反し，そして内側に反して肘をやや屈曲しながら，身体の中央に引き付ける（内側へのスカーリング）．次に，身体の外側に向かって手をかき出す（外側へのスカーリング）ように動かしていることがわかる．このように水に対して手に迎え角をもたせて動かすことにより，生じた揚力を利用して推進力を得るとともに，手腕をＳ字状に動かすことは，身体に対して手腕が後方へ動く距離を小さくしながら推進力の作用する距離を大きくできるので，仕事も大きくできるという利点がある．

それでは，脚のキックはどのように働いて推進力を生み出しているのであろうか．水泳では，クロールにおけるばた足キック，バタフライにおけるドルフィンキック，平泳ぎにおけるむち（蛙）足キック，立ち泳ぎにおける巻き足や踏み足，横泳ぎにおけるはさみ足キックなどさまざまなキックが用いられている．ここでは例としてバタフライのドルフィンキックを取り上げて，キックによってどのように推進力が生み出されるのかをみることにする．図14.7(a)は，ドルフィンキックにおける足の動きを示したものである．水に対する足の動きは，身体の動きと身体に対する足の動きが合成されたものであるので，動きの大きさや方向は身体の動きやキックの方向によって時々刻々と変化する．図に示した場合では身体は前方へ，そして足は身体に対して後下方に動いているので，足は水に対しては前下方に動いていることになる．このことは，逆に水が足に対して後上方に流れており，さらに足は水に対して迎え角をもって

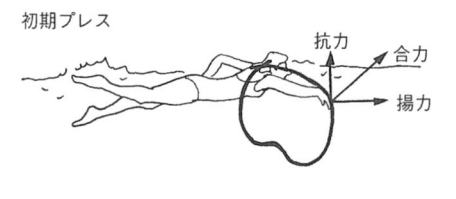

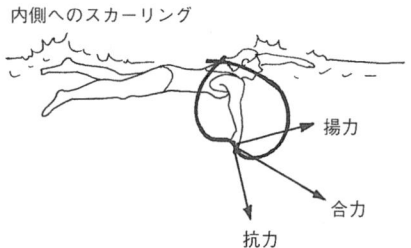

図 14.6 水泳選手の腕の動きと抗力および揚力の方向（推定）
水に対して手に迎え角をもたせて動かすことにより，生じた揚力を利用して推進力を得るとともに，手腕をＳ字状に動かすことは，身体に対して手腕が後方へ動く距離を小さくしながら，推進力の作用する距離を大きくできる．

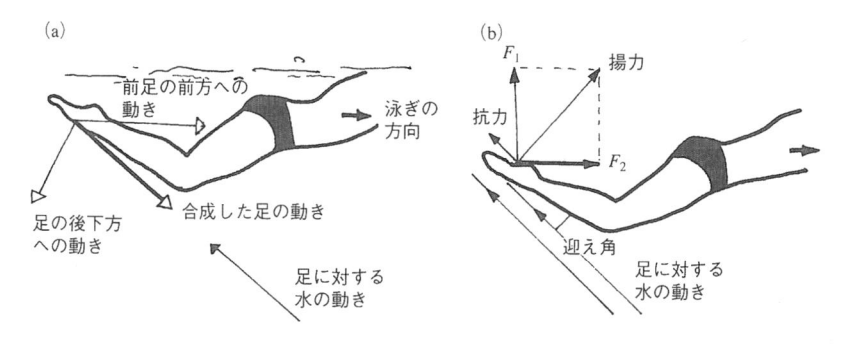

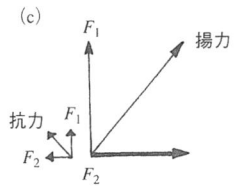

図 14.7　ドルフィンキックにおける足の動きと推進力
水に対する足の動きは身体の動きと身体に対する足の動きが合成されたものであるので，動きの大きさや方向は身体の動きやキックの方向によって時々刻々と変化する．この場合では身体は前方へ，そして足は身体に対して後下方に動いているので，足は水に対しては前下方に動いていることになる．

いるので，足は水から抗力と揚力を受けることを意味する．この抗力と揚力を進行方向と上下方向に分解すると（図 14.7(b)），抗力の水平成分は負の推進力を生じるが，揚力は大きな推進力と足を上方に持ち上げる力を生み出すことがわかる．

ここでは水の抵抗力および推進力を中心にして述べたが，泳者の運動量の変化は力積で，エネルギーの変化は仕事となるので，泳者の腕や手が水中を動く時間や距離の大きさを考慮することも，大きな泳速を得るには重要なことである．また，泳動作の効率を高めるという観点からは，抵抗力を最小限にする姿勢や動きを考えることも忘れてはならない．

アクアティックスポーツに関するバイオメカニクス的研究はまだ少ない．これは現存の研究手法が水中では陸上ほど十分な威力を発揮できないことによるが，著しい研究手法の進歩が研究者の創意工夫とマッチすれば，水泳や水を介した運動の研究は飛躍的に進むと考えられる．

文　　献

Kreighbaum E and Barthels KM (1996)：Biomechanics A Qualitative Approach for Studying Human Movement. 4 th ed., Allyn and Bacon

第15講

よい動きのバイオメカニクス的原則1

　最近では，基礎的な実験的研究に加え，一流選手に関する動作分析的研究が盛んに行われるようになり，スポーツバイオメカニクスに関する知識がかなり蓄積されてきている．しかし，これらの知識が体系的に整理され，準備されていなければ，スポーツ実践の場における課題を効果的に解決することはできない．

15.1　スポーツ技術に関するバイオメカニクスの知識体系

　図15.1は，スポーツ技術の改善や究明に関連するバイオメカニクスの知識体系の例を示したものである．

　最下段の「動きの基礎になる形態的・機能的制約」には，身体の解剖学的・生理学的，力学的，心理学的特性に関する知識，すなわちバイオメカニクスからみた「人間の身体とは何か，人間は何ができるか」という人間の可能性に関することが含まれる．たとえば，第2講で説明したような身体の慣性特性，筋の力－速度関係，筋収縮の種類と出しうる力，関節角度と出しうる力の関係などもこれに相当するであろう．

　第2段の「動きの基礎的・要素的原則」には，身体を効果的に使うための基礎的・

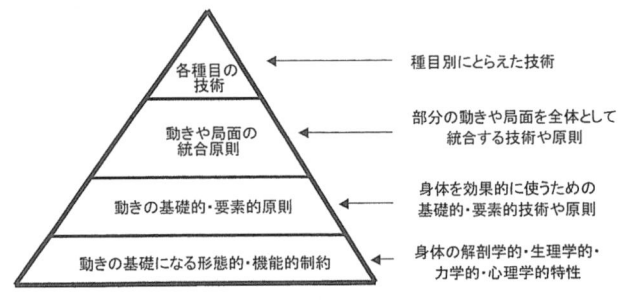

図15.1　スポーツ技術の改善や究明に関連するバイオメカニクスの知識体系（理論モデル）

ピラミッド図：
- 各種目の技術 ← 種目別にとらえた技術
- 動きや局面の統合原則 ← 部分の動きや局面を全体として統合する技術や原則
- 動きの基礎的・要素的原則 ← 身体を効果的に使うための基礎的・要素的技術や原則
- 動きの基礎になる形態的・機能的制約 ← 身体の解剖学的・生理学的・力学的・心理学的特性

要素的技術や原則が含まれ，反動動作，振込動作，予備緊張動作，回転半径の伸縮動作などがこれに相当する．たとえば，高く跳ぶためには腕や振上脚をどのように振ると大きな力積が得られるか，腕や脚をどのように動かすとうまく回転できるか，また衝撃を和らげることができるか，などに関するものである．

第3段の「動きや局面の統合原則」には，部分の動きや局面（準備，主要，終末など）をまとまりのある運動に統合するための技術や原則などが含まれる．たとえば，われわれはどのような原則に基づいて身体部分の動きを統合して，運動課題を解決しているのかということなどである．また，力学的エネルギーの使い方（運動の効率など），運動のリズムやタイミングに関する原則なども第3段階に含まれる．しかし，現状では第3段階に含まれる原則はきわめて少なく，動きの統合に関する原理・原則の究明は，スポーツバイオメカニクスのみでなくスポーツ科学全体に課せられた大きな研究課題であるといえよう．

以下では，これまでにわかっているバイオメカニクス的原則の中からよい動きを考えるのに役立つ原則や動作を選び，具体的に説明する．

15.2　反動動作と振込動作

力が運動に及ぼす影響は，作用した力の大きさのみでなく，力が作用した時間にも関係する（力積＝力×時間）．そして運動量の変化は力積に等しいので，身体あるいは物体を大きな速度で動かすには，力学的には大きな力積を作用させる必要がある．

力積を大きくするための動作として，反動動作と振込動作がある．たとえば垂直跳びの踏切りでは，われわれは立位姿勢からまず素早く腰や脚を屈曲してしゃがみ込むことによって，跳び上がる準備をする．このしゃがみ込み動作のように，ねらいとす

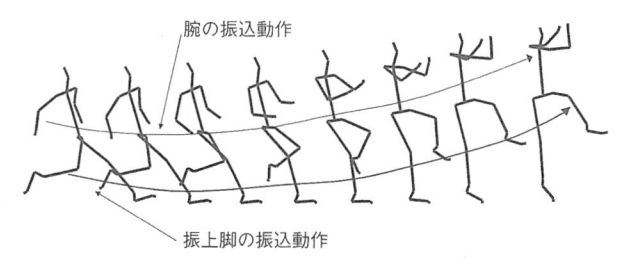

図 15.2　走高跳びの踏切りにおける腕や振上脚（振込脚，スイングレッグ，リードレッグなど呼ばれることもある）の振込動作

両腕の振りのように，ねらいとする方向に身体の一部を振り込む動作を振込動作という．走高跳びの踏切りにおける腕や振上脚の動作がその典型的なものである．

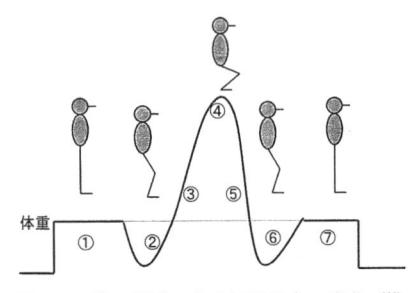

図 15.3 脚の屈伸による地面反力の変化（模式図）
しゃがみ込み前半では体重以下の力が，そして後半では体重以上の力が発揮されている．この例から反動動作ではその後半から反動動作が終了する（切り替え）時点において大きな力を出すのに効果的であることがわかる．

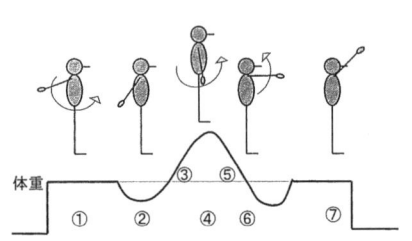

図 15.4 腕の振込動作による地面反力の変化（模式図）
振り下ろしの前半では下向きになり，中盤あたりで上向きの力がピークに達した後，上腕が水平になるあたりでは力は再び下向きになる．振込動作は動作の中盤から後半で大きな力を出すのに効果的である．

　る方向とは反対にあらかじめ身体あるいは身体の一部を動かす動作を反動動作という．投擲動作や投球動作における胴体の'そり'や上肢の'ため'，打撃動作のバックスイングやテイクバックと呼ばれるものも反動動作の一種とみることができる．

　垂直跳びのしゃがみ込みに続く局面では，屈曲した腰や脚を爆発的に伸展するとともに，両腕を前上方に振って跳び上がる．この両腕の振りのように，ねらいとする方向に身体の一部を振り込む動作を振込動作という．走高跳びの踏切りにおける腕や振上脚の動作（図15.2）がその典型的なものであるが，ランニングにおける回復脚（自由脚）の動作なども振込動作と考えることができる．

　なぜ反動動作や振込動作は，力積を大きくするために役立つのであろうか．

　図15.3は，脚の屈伸動作中に作用する地面反力の変化を示したものである．静止状態（①）では地面反力は体重に等しい．反動動作のように素早く脚を屈曲すると地面反力は体重以下に減少する（②）が，しゃがみ込みの後半ではしゃがみ込んでくる身体を受け止めるために力が増加し始め（③），最もしゃがんだ時点，いいかえると立ち上がろうとする時点（④）あたりで最大になる．立ち上がりの前半（⑤）では身体はまだ体重以上の力を受けるので上向きの加速度をもっているが，後半（⑥）では身体を減速して静止するために地面反力は再び減少し体重以下になり，静止状態（⑦）に戻る．図15.3の①から④が反動動作に相当する局面であるが，図からわかるように反動動作の前半では体重以下の力が，そして後半では体重以上の力が発揮されている．この例から，反動動作はその後半から反動動作が終了する（切り替え）時点（④）において大きな力を出すのに効果的であることがわかる．また，反動動作中では主働

筋（図15.3の例では股関節や膝関節の伸筋群）が瞬間的に伸張され，エクセントリックな筋活動をすることになるので，筋が大きな力を発揮できる．また，伸張された伸筋群は伸張反射により動作後半でも筋張力を増す，動作前半で筋や腱に蓄えられた弾性エネルギーが放出されるなどの理由で力学的仕事を大きくできると考えられている．

振込動作の効果は，しゃがみ込み動作を図15.4のように腕の振込動作におきかえることによって知ることができる．フォースプラットフォーム上で腕を身体の後方に構えた状態から前下方に振り下ろし，素早く前上方に振り上げると，振り下ろしの前半（②）では下向きになり，中盤あたり（④）で上向きの力がピークに達した後，上腕が水平になるあたり（⑥）では力は再び下向きになる．このように，振込動作はその中盤から後半で大きな力を出すのに効果的である．

また，筋の力学的特性という観点から，振込動作の効果は以下のように考えることができる．たとえば，跳躍の踏切り後半に入ると踏切脚が伸展し始めるが，この局面はタイミングのあった振込動作では，腕や振上脚が振り下ろされたのちの力が最も大きな時点に相当する．このことは，踏切脚に大きな力が作用するため，踏切脚の伸展速度の増加が一時的に抑えられ，収縮速度が小さいと大きな力を出せるという筋の力学的特性により脚伸筋群が大きな力を発揮できる条件をつくり出すことになる．さらに，伸展速度の増加が一時的に抑えられるため踏切時間が長くなり，力積を大きくするのに役立つ．

15.3 緩 衝 動 作

捕球における腕，ハンマー投げにおける両腕，体操競技の着地や跳躍の踏切りにおける脚などには，短時間に非常に大きな力（衝撃力）が作用するので，衝撃力をなるべく小さくして身体に加わる負担を小さくする必要がある．このように身体に加わる衝撃力を小さくするための動作を緩衝動作という．緩衝動作は身体への負荷を軽減し傷害の予防に役立つのみでなく，加わる力を身体が対応できる範囲にとどめることになるので，スピードのロスを最小限に抑えることができる．力学的に考えると，緩衝には以下のような方法がある．

15.3.1 衝撃を受け止める時間を長くする

運動量-力積関係（第7講）から緩衝動作を考える．たとえば，ある速度で飛んできたボールを受け止めることはボールの運動量をゼロあるいは小さくすることなので，受け止める時間を長くすることによって力（平均力，$\bar{F}$）を小さくすることがで

きる（式(15.1)）．

$$\overline{F} = \frac{mv_1 - mv_2}{t} \qquad (15.1)$$

ここで，mv_1 は飛来するボールの運動量，mv_2 は受け止めたときのボールの運動量，t は受け止める時間である．

15.3.2 衝撃を受け止める距離を長くする

力学的エネルギー−仕事関係（第9講）から緩衝動作を考える．飛来するボールは力学的エネルギーをもっているので，手で力を加えてこのエネルギーを吸収するとき，手を引くなどしてボールを受け止める距離を長くすることにより，手に加わる力（平均力，$\overline{F}$）を小さくすることができる．

$$\overline{F} = \frac{1/2\,mv_1^2 - 1/2\,mv_2^2}{s} \qquad (15.2)$$

ここで，$1/2\,mv_1^2$ は飛来するボールの並進運動エネルギー，$1/2\,mv_2^2$ は受け止めたときのボールの並進運動エネルギー，s は受け止める距離である．

捕球のほかにも例をあげると，跳び降りからの着地時や跳躍の踏切り足接地後にみられる脚の屈曲などがある．また，動作ではないが，グローブやミット，ランニングシューズのソール，柔道の畳のへこみなどは，受け止める距離を長くするのに役立つ．

なお，第一の方法はベクトル量，第二の方法はスカラー量である点が異なるが，実際のスポーツ指導の場面では，「時間を長くせよ」というよりも「距離を大きくせよ」あるいは「大きく動かせ」というほうが動作をイメージしやすいようである．

15.3.3 振込動作の初期に生じる抜重効果を利用する

図15.4に示したように，振込動作の振り下げ局面前半では，地面反力が体重以下になっている（抜重が生じている）．このことは，踏切りに入ったときに腕や自由脚（振上脚）をタイミングよく振り下げると，その抜重効果により衝撃を緩衝することができることを示している．

15.3.4 曲率半径を大きくする（滑らかに動く）

身体重心や身体部分の動き，スイング中のラケットやバットの先端の動きは大部分が曲線を描く．曲線の曲がりの程度を曲率（curvature）といい，その部分を取り出して円弧とみなしたときの半径を曲率半径（radius of curvature）という．急カーブは曲線が急激に曲がっているので，曲率半径の小さいカーブであるということができ

図 15.5 踏切りにおける身体重心の軌跡（大きな円弧と小さな円弧）
曲率半径の大きな円弧を描くと踏切脚にかかる力が小さくなり，大きなスピードを利用できる．多くの運動において滑らかに動くとよいといわれるのは，曲率半径が大きくなるので，身体にかかる負担を小さくできるためとも考えられる．

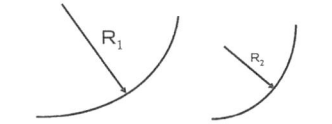

身体重心の描く円弧が大きな踏切と小さな踏切

る．そして，曲率半径 r の曲線に沿って質量 m の物体が速度 V で動くときの遠心力は，mV^2/r で表される．

ハンマー投げにおける曲率半径は時々刻々変化するが，たとえば，ハンマーの質量を 7.26 kg，接線方向の速度を 25 m/s とすると，曲率半径が 2 m であれば，遠心力は 2250 N（約 230 kg）になる．しかし，曲率半径が 2.5 m であれば，遠心力は 1810 N（約 185 kg）となる．このように質量および速度が同じであれば，曲率半径が小さいほど遠心力は大きく，曲率半径が大きいほど遠心力は小さくなる．

助走を用いる跳躍の踏切りでは，身体重心が大きな円弧を描くように，あるいは滑らかな軌跡を描くようにすることが望ましいとされている（図 15.5）．このことは，曲率半径の大きな円弧を描くと踏切脚にかかる力が小さくなり，大きなスピードを利用できることを意味している．また多くの運動において滑らかに動くとよいといわれるのは，曲率半径が大きくなるので，身体にかかる負担を小さくできるためとも考えられる．

身体重心に着目した場合には，上述したような緩衝動作が効果的である．しかし，身体の特性を考えると，別の考え方ができる．たとえば，跳び降りの着地では膝を深く屈曲することによって受け止める距離を長くできるので，身体重心に着目した場合には衝撃を小さくできることになる．一方，膝関節を深く屈曲すると，地面反力の膝関節まわりのモーメントは大きくなるので，膝伸筋群や膝関節には相対的に大きな力がかかることになり，逆に膝関節をあまり曲げないほうが楽になることがある．このように観点が変わると，逆の動作が合理的であるということになる．

15.4　回転半径の伸縮動作

陸上競技の円盤投げやハンマー投げでは，ターンによって身体を回転させ投擲物を加速し，大きな運動量を与える．また，飛込みや体操競技などでは身体をさまざまな方向に回転させたり，ひねったりする．この場合には，身体や投擲物は角運動量をもつが，角速度が小さくても，腕や脚が伸びていて慣性モーメントが大きければ，大きな角運動量をもつことになる．円盤投げのターン開始時では，円盤，腕，脚を回転軸

から離して慣性モーメントを大きくしておけば，角速度が小さくても大きな角運動量を得ることができる．逆に，身体を素早く回転させなければならない局面では，腕や脚を回転軸に近づけて角速度を大きくすることができる．このように身体部分を回転軸から遠ざけたり，近づけたりして回転速度を変化させる動作を回転半径の伸縮動作と呼ぶ．

　フィギュアスケートにおけるスピンなどは，回転半径の伸縮動作の典型的なものである．また，槍投げや投球動作では，足から腰，肩というように回転軸が移動するので，結果的には回転半径の短縮が行われ，角速度の増大に役立っているとみることもできる．

文　　献

阿江通良(1998)：スポーツとバイオメカニクス．スポーツの知と技(森　昭三編著)，pp. 214-224，大修館書店

〔さらに勉強するために〕
阿江通良（1992）：陸上競技のバイオメカニクス．陸上競技指導教本―基礎理論編―(日本陸上競技連盟編)，pp.33-53，大修館書店
金原　勇ほか（1964）：跳躍力を大きくする基礎的技術の研究（その1）―反動動作と振込動作について―．東京教育大学体育学部スポーツ研究所報　2：21-31
金原　勇，三浦望慶（1965）：跳躍力を大きくする基礎的技術の研究（その2）．東京教育大学体育学部スポーツ研究所報　3：42-51

第16講

よい動きのバイオメカニクス的原則2

　スポーツでは身体各部，特に中心部で生み出された力やパワーを，ねらいに応じて手足，ボール，ラケットなどに伝達する場合が多い．このような場合には，身体各部の動きをどのように協調させて目的とする身体部分の速度やエネルギーを得るか，部分を全体あるいは全身の動きにどのようにまとめるかなどが重要となる．ここでは，このような部分間の動きを考えるために役立つ運動連鎖の原則，身体における力学的エネルギーの流れ，運動依存力について述べる．

16.1　運動連鎖の原則—力や速度の加算—

　図16.1は，野球の投球動作における身体各部の速度の変化を示したものである．図に示したように，左足が接地した後，まず膝の速度が増し，次いで腰，肩，肘，手首そしてボールというように各部位の速度ピークが時間的にずれながら，徐々に増していることがわかる．同様のことは，投げだけではなく，サッカーのキック，テニスのサーブ，バドミントンのスマッシュなどでも観察される．このように身体の中心部あるいは大きな仕事のできる下肢によって生み出された力，エネルギー，速度などがタイミングよく順次加算されて，あるいは伝達されて末端へ伝わり，末端のエネルギーや速度を大きくできるという原則を，身体部分を連続した鎖あるいはリンクにたとえて，運動連鎖の原則（kinetic chain principle）と呼んでいる．それでは運動連鎖は，どのようにして生じるのであろうか．

　図16.2は，運動連鎖の概念モデルを示したものである．まず部分Aはその大きな筋力により加速されるが，慣性が大きいために速度はあまり大きくならない．次に，部分B，部分Cへと徐々に筋力が発揮されていくことになるが，末端部の出しうる力は中心部よりも小さいが，それ以上に慣性が小さいため，末端部の速度は大きくなり，それまでに生み出された速度に末端部で生み出された速度が加わり，リリース時にはかなり大きな速度が得られることになる．この例で示したように，運動連鎖が生

第16講 よい動きのバイオメカニクス的原則2

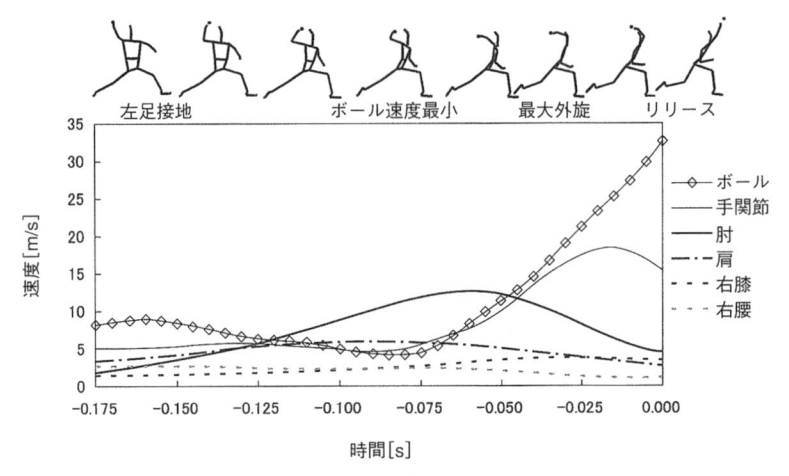

図16.1 野球の投球動作における身体各部の速度変化（島田，2002）

左足が接地した後，まず膝の速度が増し，次いで腰，肩，肘，手首そしてボールというように各部位の速度ピークが時間的にずれながら，徐々に増している．このように身体の中心部から速度などが末端へ伝わり，末端の速度を大きくできるという原則を身体部分を連続した鎖あるいはリンクにたとえて，運動連鎖の原則と呼んでいる．

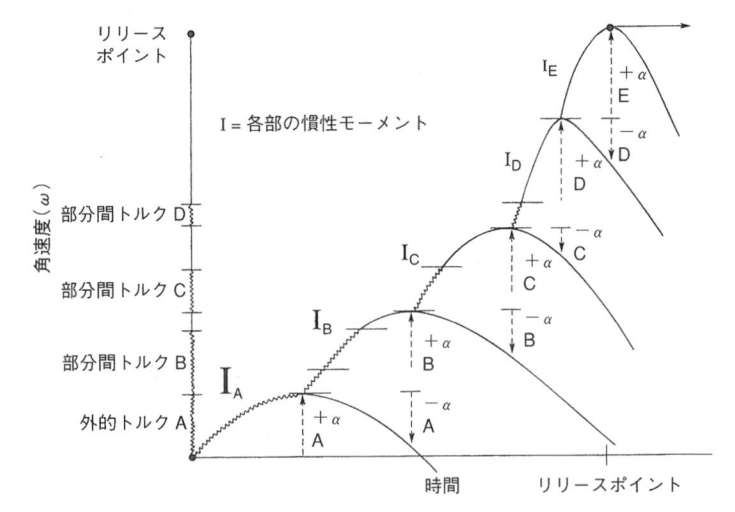

図16.2 運動連鎖の概念モデル（Kreighbaum and Barthels，1996）

運動連鎖が生じるには，① 末端部の慣性（質量，慣性モーメント）は中心部よりも小さいこと，② 中心部は末端部よりも大きな力やエネルギーを発揮できることが前提となる．

16.1 運動連鎖の原則―力や速度の加算―

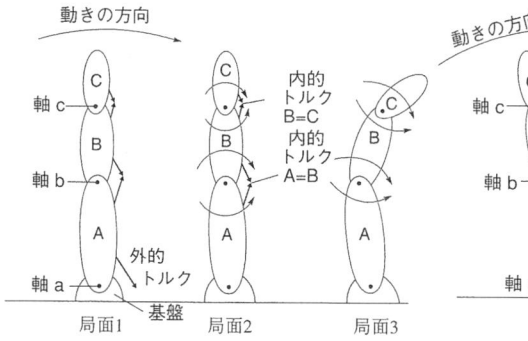

図 16.3 運動連鎖が生じる原因 ① 内的トルク
(Kreighbaum and Barthels, 1996)
関節間のトルクは，腕をシステムとすると，内的トルクであると考えられる．投げにおけるスナップの強調などは，内的トルクによって運動連鎖を引き起こすものと考えられる．

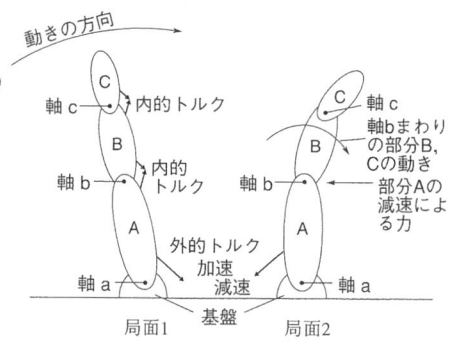

図 16.4 運動連鎖が生じる原因 ② 外的トルク
(Kreighbaum and Barthels, 1996)
外的トルクによる場合には，中心部の減速が末端部の加速を引き起こす要因となる．しかし，中心部の減速が大きすぎると，末端部の角速度が大きくても末端の絶対速度があまり大きくならない場合もある．

じるには，① 末端部の慣性（質量，慣性モーメント）は中心部よりも小さいこと，② 中心部は末端部よりも大きな力やエネルギーを発揮できることが前提となる．

一般に，運動連鎖をひき起こすのは筋力であるが，力学的原因となるトルクの発揮に着目すると，① 内的トルクによる場合と，② 外的トルクによる場合が考えられる．

a. 内的トルクによる場合

腕を振る場合を考える．図 16.3 の局面 1 では，まず肩の筋群により上腕 A が加速されるが，前腕 B や手 C はその慣性で後方に残る．しかし，肘や手関節に内的なトルクが作用するので，前腕，手ともに前方に回転する．局面 2 では，肘関節トルクが前腕を時計回りに加速するように作用すると，作用・反作用の法則により上腕には反時計回りのトルクが作用するので上腕は減速される．前腕は上腕よりも慣性モーメントが小さいので，大きな角加速度が得られる．同様のことが局面 3 でも手関節に生じ，前腕は減速するが，手は大きく加速される．このような関節間のトルクは，腕をシステムとすると，内的トルクであり，投げにおけるスナップの強調などは内的トルクによって，運動連鎖をひき起こすものと考えられる．

b. 外的トルクによる場合

図 16.4 の局面 1 では，肩の筋群により上腕 A，前腕 B，手 C が加速されて腕全体が回転を始める．局面 2 では，肩後面の筋群によって外的トルクが作用して上腕が減速されると，その結果，肘関節に後向きの力が作用し，肘関節を軸として前腕を回転させる．前腕は上腕よりも慣性モーメントが小さいので，より大きな角加速度で加速

され角速度を増す．同様のことが繰り返されて末端の角速度が増加していく．釣り竿や鞭を振り，手元を切れよく手前に引き戻すと，先端が加速され，大きな速度をもつのもこの場合である．外的トルクによる場合には，中心部の減速が末端部の加速をひき起こす要因となるが，実際の運動では末端の絶対速度は中心部の速度に末端の相対速度を加えたものになる．したがって，中心部の減速が大きすぎると，末端部の角速度が大きくても末端の絶対速度があまり大きくならない場合もあることに注意する必要がある．

　投球動作，槍投げ，円盤投げなどの実際の運動では，上述した二つの方法が相補的に用いられているようであるが，運動課題や動きによってどちらがより効果的かなどについては今後の研究課題である．

16.2　身体部分間の力学的エネルギーの流れの利用

16.2.1　関節力パワーとセグメントトルクパワー

　身体運動の多くは，身体部分間でエネルギーをやり取りしながら行われる．たとえば，歩行やランニングは脚を前後に動かしながら身体を移動させる運動である．図

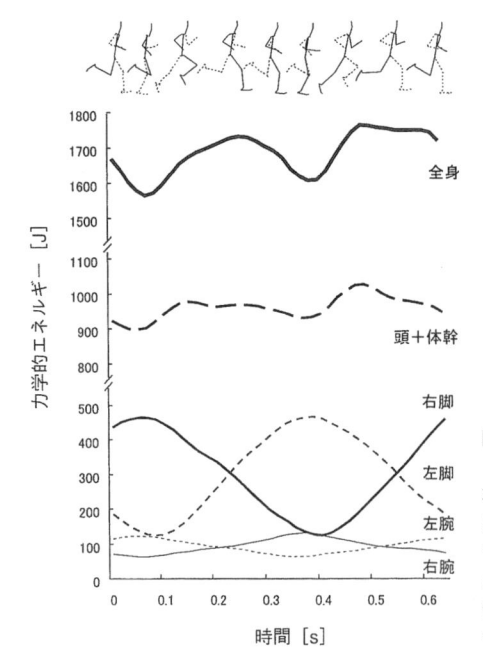

図 16.5　ランニングにおける両脚の力学的エネルギーの変化（榎本，2002）
右脚のエネルギーが減少すると，左脚のエネルギーが増加しており，左右の脚の間で骨盤を介してエネルギーの伝達が生じていると考えることができる．一方の脚のエネルギーを他方の脚に伝達できれば，脚を動かすエネルギーを節約できる．

16.5はランニングにおける左右の脚のエネルギーの変化を示したものである．右脚のエネルギーが減少すると，左脚のエネルギーが増加しており，左右の脚の間で骨盤を介してエネルギーの伝達が生じていると考えることができる．そして，一方の脚のエネルギーを他方の脚に伝達できれば脚を動かすエネルギーを節約でき，効率よく移動できる．このことは，投球動作のように下肢や胴体で発揮されたエネルギーをボールに伝達する場合も同様である．それでは，どのようにすれば身体部分間のエネルギーの伝達をとらえることができるであろうか．

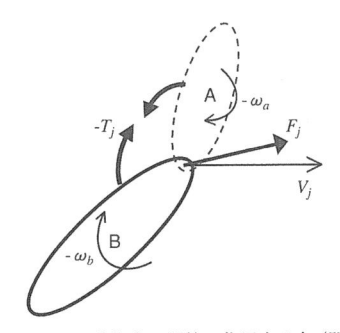

図 16.6 動作中の関節に作用する力（関節力）と筋トルク（関節トルク）
この例では，部分Aから部分Bに関節および筋群を介してエネルギーが流れ込む．

第9講で述べたように，力学的エネルギーの時間的変化率はパワー（仕事率）と呼ばれ，さらにパワーは力とスピードの積で表される．したがって，パワーの変化を知ることによって，身体部分間でエネルギーがどのように伝達されたかを知ることができる．

図 16.6 は，ある速度で動いている関節に作用する関節力および関節トルクを示したものである．このモデルでは，関節に関節力 F_j と関節トルク T_j が作用しており，関節は V_j で前方に，部分Aは角速度 ω_a，部分Bは角速度 ω_b で動いているとする．いま，部分Bに着目すると，関節力 F_j，速度 V_j はともに前方（正）方向を，セグメントトルク（部分に作用するトルクという意味で，セグメントトルクと呼ぶ）および角速度は時計回り（負）方向である（$-T_j$，$-\omega_b$）．一方，部分Aに着目すると，作用・反作用の法則により関節力は $-F_j$，セグメントトルクは T_j となる．ここで，関節力および関節トルクによる部分AおよびBに発揮されたパワーは以下のようになる．

〔部分A〕

　関節力パワー：　　$P_{aj} = -F_j V_j < 0$

　セグメントトルクパワー：　　$P_{ats} = T_j(-\omega_a) < 0$

〔部分B〕

　関節力パワー：　　$P_{bj} = F_j V_j > 0$

　セグメントトルクパワー：　　$P_{bts} = -T_j(-\omega_b) > 0$

このように部分Aのパワーはいずれも負になるのに対し，部分Bのパワーは正となる．正のパワーはエネルギーが増加していること（エネルギーが部分に流れ込んでいるということもある）を，負のパワーはエネルギーが減少している（エネルギーが流れ出る）ことを意味する．したがって，この例では，部分Aから部分Bに関節お

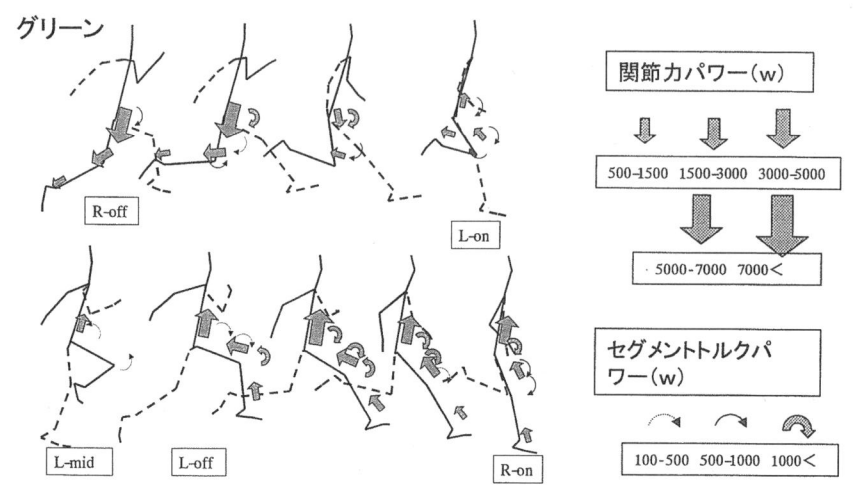

図 16.7 短距離走中の回復脚における力学的エネルギーの流れ（関節パワー）（阿江，2001）
身体部分のエネルギーの変化を引き起こす力学的要因は，関節を介する関節力パワーと筋群を介するセグメントトルクパワーの二つである．この例に示すように，一般には関節力パワーのほうが大きいので，身体部分のエネルギーの変化には関節力パワーの影響が大きい．

よび筋群を介してエネルギーが流れ込んでいることになる．

　身体部分のエネルギーの変化をひき起こす力学的要因は，関節を介する関節力パワーと筋群を介するセグメントトルクパワーの二つであるが，以下のスプリントの例に示すように，一般には関節力パワーの方が大きいので，身体部分のエネルギーの変化には関節力パワーの影響が大きい．

16.2.2　短距離疾走動作におけるエネルギーの流れ

　図 16.7 は短距離疾走中の回復脚におけるエネルギーの流れをパワーで示したもので，線分の矢印が関節力パワーを，円弧の矢印がセグメントトルクパワーを示している．また矢印が太いほどパワーが大きく，そのときのエネルギーの流れも大きいことを意味する．
　図からまず気づくのは，関節力パワーが筋群が関与するセグメントトルクパワーよりも圧倒的に大きいことである．右足離地時（R-off）あたりをみると，右股関節力パワーが大きく，右股関節を介して体幹から右大腿に大きなエネルギーが流れ込んでいる．その後，回復脚の関節力パワーは小さくなるが股関節でのセグメントトルクパワーが大きくなり，関節力パワーの減少を補っている．左足が接地（L-on）すると回復脚のパワーは小さくなり，体幹に向かって流れ出る傾向がみられるようになる．右

足接地（R-on）のために回復脚が振り戻される局面では，右脚の股関節や膝関節の関節力パワーやセグメントトルクパワーが急激に大きくなり，体幹に向かって大きなエネルギーが回復脚から流れ出している．短距離走では，左右の脚が体幹に対して前後方向にほぼ逆の動きをするので，ここで示した例では右脚から流れ出た力学的エネルギーは体幹そして股関節を介して左脚に流れ込む．このように，左右の脚で股関節を介したエネルギーの流れが生じており，このことを両脚間のエネルギーの伝達あるいは転移（transfer of mechanical energy）と表現することがある．また，エネルギーが四肢間で伝達するという考え方は，図16.5に示した左右の脚の力学的エネルギー変化を説明する場合に用いられる．

16.2.3 投球動作におけるエネルギーの流れ

図16.8は，投球動作における上胴および上肢におけるパワー（エネルギーの流れ）を示したもので，太い矢印は大きなパワーが発揮され，大きなエネルギーの流れがあったことを示している．

左足接地後，上胴には胴体の筋群から大きなエネルギーが流れ込み，また上腕には肩関節を，前腕には肘関節を介してエネルギーが流れ込む．左足接地からボール速度最小までの間には，上腕，前腕には大きなエネルギーが関節を介して流れ込むが，上胴からは下胴の方向にエネルギーが流れ出て，筋群によって発揮されるエネルギーも

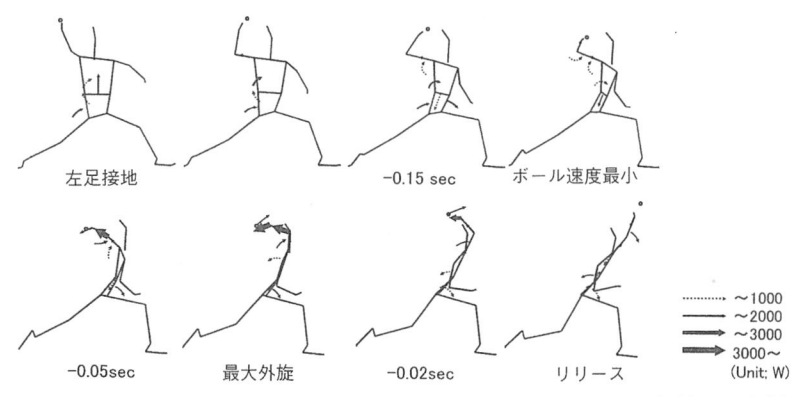

図 16.8 投球動作における上胴および上肢における力学的エネルギーの流れ（関節パワー）（島田，2002）

投球動作のように，遠位端の速度やエネルギーを大きくする場合には，大きな筋群がある身体の中心部や下肢で生み出されたエネルギーを関節を介してねらいとする部分へ流すことが重要である．投擲動作や投球動作の指導において下半身や体幹の動きやトレーニングが重要であるといわれる理由の一つはこのためであろう．

減少している．

　ボール速度最小から肩関節の外旋が最大になる時点では，胴体の筋群によるエネルギーが再び大きくなり，関節を介して腕に流れ込むエネルギーが増加し，特に肘関節を介して前腕に流れ込むエネルギーはこのあたりで最大になる．しかし，この間に腕の筋群によって発揮されたエネルギーは関節を介するものよりも小さい．肩関節の最大外旋あたりからボールリリースでは，上胴ではエネルギーが胴体の筋群によって吸収され，上腕では肩関節を，前腕では肘関節を介して流れ出るエネルギーが大きく，これらの部分のエネルギーは減少する．一方，手やボールには筋群によるエネルギーはほとんどみられないが，手首や指先を介してエネルギーが流れ込み，ボールのエネルギーが急激に増加して，リリースされる．

　投球動作のように，遠位端の速度やエネルギーを大きくする場合には，大きな筋群がある身体の中心部や下肢で生み出されたエネルギーを関節を介してねらいとする部分へ流すことが重要である．投擲動作や投球動作の指導において，下半身や体幹の動きやトレーニングが重要であるといわれる理由の一つはこのためである．

　身体部分間でエネルギーを効果的に流すためには，ランニングでは両脚をはさみのように前後に交差させる動作（シザース動作などと呼ばれることがある）によって股関節に力を作用させることが一つの方法である．また，投球動作では下肢や体幹で大きなエネルギーを生み出すとともに，肩関節の最大外旋からリリースまで肩や肘の筋群で大きなパワーを発揮することが，肘や手関節に作用する力を大きくし，結果として関節を介して流れ込むエネルギーを大きくすることにつながる．さまざまなスポーツの運動においてどのようにすれば，エネルギーの流れを大きく，効果的に引き出せるかは，今後の研究課題の一つである．

16.3　運動依存力の利用

16.3.1　運動依存力

　われわれの運動は，筋群によって発揮された力が関節を介して骨格に作用して生じる．しかし，一度運動が生じると，必ずしもその部分に筋力が作用していなくても，重力のほかに角速度や角加速度によって生じる求心力，接線力，コリオリ力，隣接部分から伝達される力を受けたり，逆に隣接部分に力を作用させたりする場合がある．このような力，特に部分の角速度や角加速度などのキネマティクス的要素によって生じる力を運動依存力（motion-dependent force）と呼んでいる．これらの力は，先に述べた運動連鎖やエネルギーの流れをひき起こすためにも重要な役割を果たす．ここでは，運動依存力がどのように運動に影響を及ぼしているかを，サッカーのキックや

16.3 運動依存力の利用　127

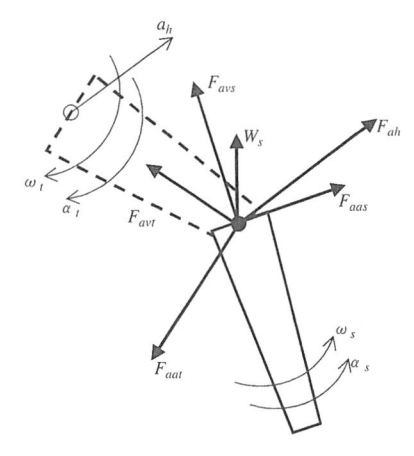

図 16.9　スイング中に膝関節に作用する力の要素（運動依存力）

F_{ah}：股関節の加速度による力，F_{aas}：下腿の角加速度による力，F_{avs}：下腿の角速度による力，F_{aat}：大腿の角加速度による力，F_{avt}：大腿の角速度による力，W_s：下腿の重量に対する力，a：加速度，ω：下腿, 大腿の角速度，α：下腿, 大腿の角加速度，s：下腿，t：大腿，h：股関節．膝関節には，下腿の重量に対する力 W_s，股関節の加速度による力 F_{ah} のほかに，大腿や下腿の角速度や角加速度による力の六つの力が作用する．これらの力の大きさや方向は，股関節の加速度および大腿と下腿の角速度と角加速度の大きさと方向，部分の長さ，質量，姿勢により決まる．

投球動作を例にしてみていくことにする．

　図 16.9 は，ランニングやキックなどの脚のスイングにおいて，膝関節に作用する力の要素をモデル的に示したものである．このモデルでは，股関節は前上方に加速されており，大腿と下腿はともに角速度および角加速度をもっているとする．第 6 講で述べたように，角速度 ω および角加速度 α をもつ物体には求心力 $mr\omega^2$ と接線力 $mr\alpha$ が作用するので，図 16.9 に示したように，膝関節には下腿の重量に対する力 W_s，股関節の加速度による力 F_{ah} のほかに，大腿や下腿の角速度や角加速度による力の六つの力が作用する．

　これらの力の大きさや方向は，股関節の加速度および大腿と下腿の角速度と角加速度の大きさと方向，部分の長さ，質量，姿勢により決まる．実際には，これらの六つの要素をすべて考慮しなければならないので，部分の動きによる関節に作用する力への影響を詳細に知るにはデータをもとに計算する必要がある．そこで，以下では，大腿や体幹の角速度，角加速度，および関節角度のみが変化したときの影響を定性的に考えてみることにする．

16.3.2　サッカーキックにおける'ため'

　図 16.10 は，サッカーキックのバックスイング局面における蹴り脚を示したもので，(a)は膝関節角度が 90 度以上，(b)は 90 度，(c)は 90 度以下の場合である．ここで，股関節の加速度，大腿や下腿の角速度，角加速度などは同じとする．

　いずれの場合も膝には大腿の角速度による求心力 (F_p) と大腿と直角に接線力 (F_t) が作用する．ところが，図 16.10(a)では F_p は下腿の重心まわりに反時計回りのモー

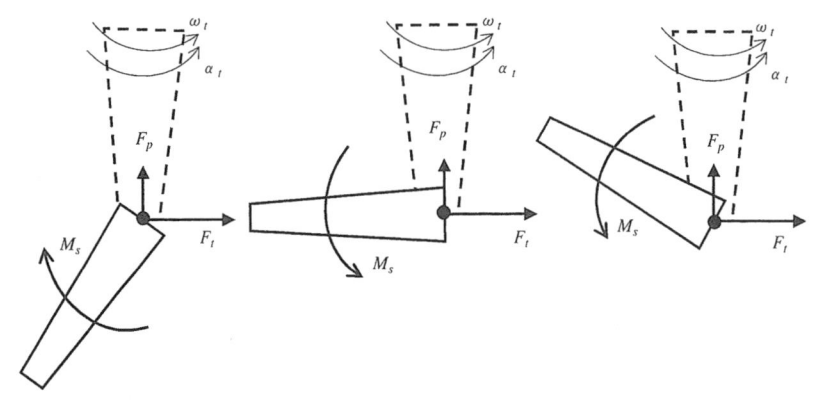

(a)膝関節角度が90度以上の場合　　(b)膝関節角度が90度の場合　　(c)膝関節角度が90度以下の場合

図16.10 バックスイングにおける蹴り脚の下腿の動きに及ぼす膝関節角度の影響
M_s：大腿の角加速度および角速度で生じる下腿の重心まわりのモーメント．いずれの場合も膝には大腿の角速度による求心力（F_p）と大腿と直角に接線力（F_t）が作用する．サッカーのキックにおける下腿のモーメントの大きさと方向は，バックスイングにおけるフォームや姿勢（膝関節角度），大腿の角速度と角加速度の大きさや方向によって大きく変化する．

メントを生じるが，F_t は逆に時計回りのモーメントを生じる．一般に，この局面ではスイング初期で角加速度が大きいと考えられるので，下腿は時計回りに回転して膝関節が屈曲し，いわゆる'ため'ができる．

図 16.10(b) では F_p は下腿を反時計回りに回転させるモーメントを生じる．しかし，F_t の作用線は下腿の重心を通る（モーメントアームはゼロになる）ので，下腿を回転させるモーメントは生じない．実際には，このほかに重量に抗する力が膝関節に上向きに作用するので，下腿の振り出しモーメントはさらに大きくなる．図 16.10(c) では，F_p, F_t ともに下腿を反時計回りに回転させるモーメントを生じるので，下腿の振り出しモーメントはかなり大きくなる．

ここで，図 16.10(a) の場合を例に大腿の角速度と角加速度の大きさの影響について考えてみる．もし角速度が小さく，角加速度が大きい場合には，F_p によるモーメントは小さいが F_t のモーメントは大きくなり，下腿には時計回りのモーメントが作用することになる．逆に，角速度が大きく角加速度が小さい場合には，下腿には反時計回りのモーメントが作用する．

このように，サッカーのキックにおける下腿のモーメントの大きさと方向は，バックスイングにおけるフォームや姿勢（膝関節角度），大腿の角速度と角加速度の大きさや方向によって大きく変化する．

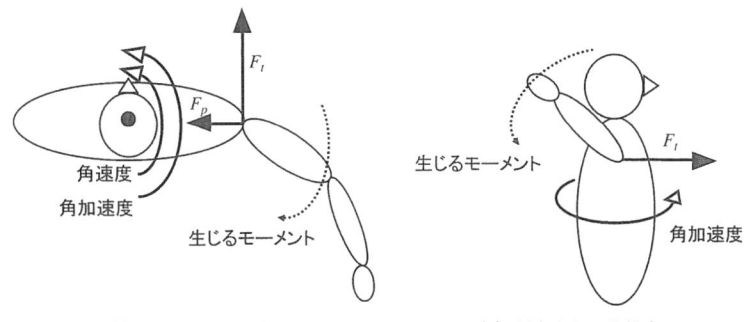

図 16.11 投球動作のバックスイング中に肩に作用する体幹の運動依存力
投球動作において大きな'ため'をつくるには，バックスイング局面において体幹あるいは上腕の角加速度が重要である．これらのモーメントが'ため'をつくるのに有効に働くかどうかは，すでに述べたようにそのときの肩関節角度や肘関節角度にも依存する．

16.3.3 投球動作における体幹の動きと'ため'

図 16.11 は，投球動作のバックスイング局面における体幹の動きによって肩関節に作用する力を示したものである．(a)は体幹を上方からみた場合で，体幹の角速度および角加速度により，肩関節には求心力 F_p（体幹の中心方向に作用）と接線力 F_t（投球方向に作用）が作用する．このうち，F_p は上腕を投球方向に回転させるモーメントを生じるが，F_t は後方に回転させるモーメントを生じる．したがって，投球動作において上腕の'ため'をつくるには，この局面では体幹の角加速度の大きいことが重要である．

図 16.11(b)は上腕，前腕，ボールを側方からみた場合である．この時点では肩の加速度および上腕の角加速度によって肘関節に投球方向の力が作用することになり，この力は前腕およびボールを後方に回転させるモーメントを生じ，肩関節を外旋させて腕に大きな'ため'をつくるのに役立つ．このように投球動作において大きな'ため'をつくるには，バックスイング局面において体幹あるいは上腕の角加速度が重要である．なお，これらのモーメントが'ため'をつくるのに有効に働くかどうかは，すでに述べたようにそのときの肩関節角度や肘関節角度にも依存することも忘れてはならない．

ここでは，よい動きを考えるための原則から，身体部分間の相互作用に関係する原則を力学的エネルギー論的観点，および動きによる力というキネティクス的観点から説明した．いずれの場合も体幹，脚，といった身体の中心部が重要な役割を果たしていることが理解できよう．また，本講で述べた原則は，運動を定性的ながら力学的に観察し，分析するためにも役立つであろう．しかし，スポーツ動作における身体部分

間の相互作用，部分が全体に及ぼす影響に関する研究は，疾走動作や投球動作を除けば，ほとんど行われておらず，スポーツバイオメカニクスにおける重要な研究課題である．

文献

阿江通良（2001）：スプリントに関するバイオメカニクス的研究から得られるいくつかの示唆．スプリント研究　11：15-26

榎本靖士（2002）：長距離走動作のバイオメカニクス的評価法に関する研究．（未発表資料）

Kreighbaum E and Barthels KM (1996)：Biomechanics A Qualitative Approach for Studying Human Movement. 4 th ed., Allyn and Bacon

Putnam CA (1991)：A segment interaction analysis of proximal-to-distal sequential segment motion patterns. Med. Sci. Sports Exerc. 23（1）：130-144

Putnam CA (1993)：Sequential motions of body segments in striking and throwing skills：Descriptions and Explanations. J. of Biomechanics. 26（Suppl）：125-135

島田一志（2002）：野球の投球動作における力学的エネルギーの流れ．（未発表資料）

ND# 第17講

よい動きのバイオメカニクス的原則3

　体育・スポーツでは，「むだのない動き」，「効率のよい動き」，「有効な動き」というような言葉が頻繁に用いられる．これらは，いずれも身体部分の動きよりも全身の動き，ひとまとまりの動き，あるいはパフォーマンスと密接に関係している．スポーツ技術をバイオメカニクス的にとらえると，運動課題を達成するために生理的エネルギー（発生エネルギー）を力学的エネルギー（出力エネルギー）に変換し，その力学的エネルギーを運動課題に応じて効果的に使うための運動経過であるということができる．

　これまでの講義では，身体の部分的な動きに関するバイオメカニクス的原則について説明したが，ここでは全身の動きにおける有効なエネルギーの使い方，身体各部の最適な使い方を考えるための原則について述べる．

17.1　運動における効率，経済性，有効性―三つのE―

　スポーツのパフォーマンスや身体運動の課題は，生理的エネルギーが身体の動きによって力学的エネルギーに変換され，さらに運動の課題に応じて有効に使われて達成される．図17.1はこのような入力としての生理的エネルギーが運動課題の達成あるいはパフォーマンスに変換される過程をまとめたものである．これらの過程を評価するバイオメカニクス的な尺度として，効率（efficiency），経済性（economy），有効性（effectiveness）がある．ここでは，これらの概念を説明し，これまでの研究をもとに全身の運動におけるエネルギーの有効な使い方について述べることにする．

　図17.1に示したエネルギーの流れのうち，身体の動きによって生理的エネルギーが力学的エネルギーに変換される過程（過程1）に着目して，消費された生理的エネルギー量（酸素摂取量の測定から見積もることができる）に対する力学的エネルギーの変化，すなわち力学的仕事の比を力学的効率（以下，効率という）と呼んでいる．効率によって生理的エネルギーがどの程度のロスを伴って運動に変換されたかを知ることができ，効率が高い運動という場合には，同じ生理的エネルギーでも筋骨系の出

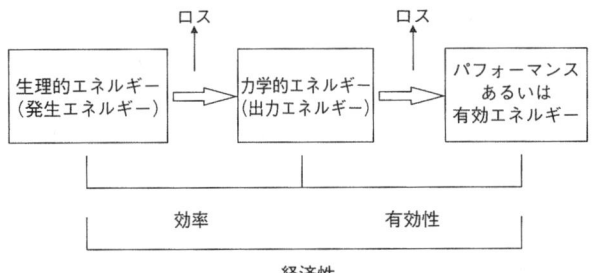

図17.1 身体運動におけるエネルギーの流れ（阿江と藤井，1996）
スポーツのパフォーマンスや身体運動の課題は，生理的エネルギーが身体の動きによって力学的エネルギーに変換され，さらに運動の課題に応じて有効に使われて達成される．これらの過程を評価するバイオメカニクス的な尺度として，効率（efficiency），経済性（economy），有効性（effectiveness）がある．

力や運動にむだが少なく，大きな仕事ができることを意味する．また効率は，単位時間当たりに発揮されたエネルギー，すなわちパワーの比でとらえたり，入力に対する出力の比で表したりする．

$$力学的効率 = \frac{力学的仕事}{消費された生理的エネルギー} = \frac{力学的パワー}{生理的パワー} = \frac{出力}{入力}$$

次に，生理的エネルギーと運動課題の関係についてみてみよう．これは，一定の運動課題を達成するのに要した生理的エネルギー量を動きの評価の指標としようとするもので，経済性と呼ばれる．たとえば，ランニングの経済性（running economy）は一定のスピードで走るのに要した体重当たりの酸素摂取量で評価できる．

図17.2はランニングの経済性の測定例を示したものである．同じスピードで走ったにもかかわらず，走者Bでは走者Aよりも酸素摂取量が少ないことから，走者Bのほうが経済的な疾走動作を身につけていると評価できる．経済性は，図17.1に示したように生理的エネルギーを力学的エネルギーに変換する過程を含んだものであるので，生理学的観点からの動きの指標といえるが，出力された力学的エネルギーがどのように利用できたかを示すものではない．

スポーツ運動のなかには，短距離走のように力学的エネルギーが大きいほど，高いパフォーマンスが得られるものもある．しかし，長距離走のように上下動の大きい疾走フォームで走ると，力学的エネルギーは大きくなるが必ずしもパフォーマンスが高くなるとはいえず，場合によっては低下する場合もある．したがって，スポーツ技術を評価する場合には，効率や経済性に加えて出力された力学的エネルギーがどの程度パフォーマンスあるいは運動課題の達成に関係する有効なエネルギーに変換されたか

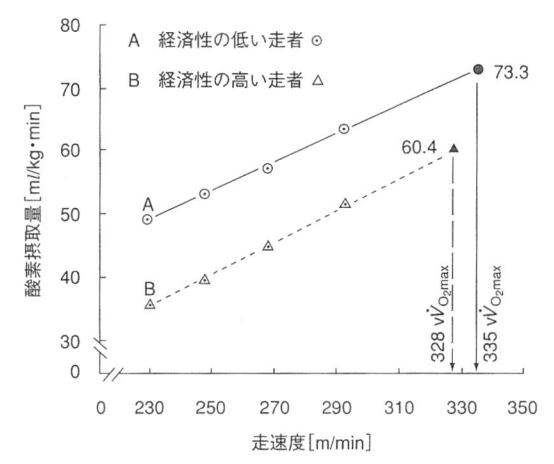

図 17.2　ランニングの経済性（Daniel, 1985）
同じスピードで走ったにもかかわらず，走者Bでは走者Aよりも酸素摂取量が少ないことから，走者Bのほうが経済的な疾走動作を身につけていると評価できる．経済性は生理学的観点からの動きの指標といえるが，出力された力学的エネルギーがどのように利用できたかを示すものではない．

を評価する必要がある．このように力学的エネルギーがどのようにパフォーマンスに変換されたかを評価するための指標として力学的エネルギー利用の有効性指数（effectiveness index of mechanical energy utilization；阿江と藤井，1996）が提案されている．

$$\text{有効性指数} = \frac{\text{パフォーマンスあるいは有効な力学的エネルギー（仕事）}}{\text{力学的エネルギー（仕事）}}$$

有効性指数の特徴は，効率とは異なり，力学的エネルギー，仕事，パワーなどの力学量のみでなく運動課題に応じて跳躍記録，疾走タイム，さらに得点のようなパフォーマンスを示す適切な変量を用いて，その技術を評価できることである．また，試合や競技会のように生理的エネルギーの測定が困難な場合でも，VTRなどにより動作が測定できれば適用できるという利点がある．

17.2　各種スポーツの効率と有効性

a. ランナーの効率

短距離走者にとっては効率よりも出力パワーを大きくすることが重要であるが，長

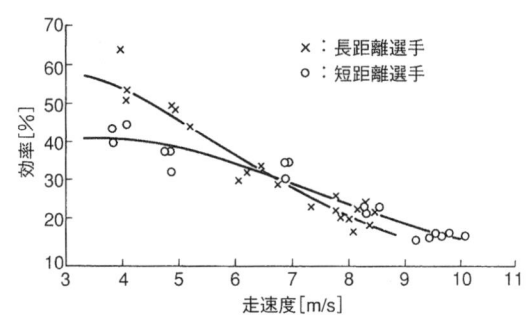

図17.3 疾走速度と短距離走者および長距離走者の効率との関係（Kaneko et al., 1985）

疾走速度が小さい場合には長距離走者の効率は高いが，高速になると短距離走者の効率がより高くなる傾向にある．しかし，いずれの選手もより高速になると，効率は低下する．

距離走者では効率が重要である．図17.3は各種の速度で走らせたときの短距離走者と長距離走者の効率と疾走速度との関係を示したものである．なお，この場合の力学的仕事は，身体重心を移動する外的仕事と身体重心まわりの四肢の運動によってなされる内的仕事との和から求めたものである．疾走速度が小さい場合には長距離走者の効率は高いが，高速になると短距離走者の効率がより高くなる傾向にあり，さらにいずれの場合も高速になると，効率は低下する．

b. サッカーキックの効率

歩行やランニングのような循環運動の効率に関する研究は多いが，跳躍動作，打撃動作，キック動作などの非循環運動の効率を測定したものは少ない．図17.4は，サッカーのインステップキックを10秒ごとに15回繰り返し行ったときのエネルギー消費量とキックされたボールの運動エネルギーとの比（キックの効率），ボール速度との関係を示したものである．熟練者と非熟練者を比べると，熟練者は速いスピードでキックできる，同じスピードであれば効率よくキックできる，最大効率は速いボールスピードで出現する，などの特徴がある．いいかえると，熟練者ではボールを効率よくキックでき，速いボールを蹴ることができるのである．キックのように，パワフルで非循環な運動であっても，エネルギーの効率あるいは有効な使い方が重要なことが理解できる．

c. 水泳の効率

図17.5は水泳の泳速と入力パワー，出力パワー，効率の関係を示したものである．水泳の効率は3〜8%程度で，泳速が大きくなると徐々に小さくなる．また，これまでに示したランニングに比べて著しく低い．これは，水は力を加えても容易に変形す

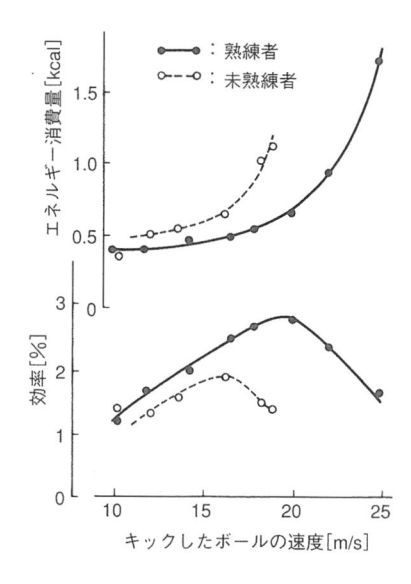

図17.4 サッカーのインステップキックの効率（Asami et al., 1975）
熟練者は速いスピードでキックできる，同じスピードであれば，効率よくキックできる，速いボールスピードで最大効率が出現するなどの特徴がある．

るので水からの大きな反力を得られない，抵抗が大きく消費したエネルギーの多くが水の抵抗に打ち勝つために消費されるなどのためである．泳者に作用する水平方向の力は腕のかきや脚のキックなどで生み出される推進力と水からの抵抗力であり，これらの力の差が泳者を加速する力になる．したがって，水中にある腕や脚の水の流れに対する速度や断面積を小さくしたり，身体全体の姿勢が流線形に近くなるようにして水の抵抗を小さくすることが，水泳の効率を高めるのにきわめて重要である．

d. 長距離走の有効性指数

図17.6は，実際の長距離走レースにおける記録水準の異なる選手の疾走速度と有効性指数の関係を示したものである．この場合の有効性指数は，以下の式によって求めたものである．

$$EI = \frac{1/2\,MV^2}{\text{力学的仕事}}$$

分子は走者の並進運動エネルギーで，M は質量，V は疾走速度，分母は1ランニングサイクル（2歩）でなされた力学的仕事である．

この図から，疾走速度が大きい選手ほど有効性指数が大きいこと，同じ疾走速度でも有効性指数に相違があることなどがわかる．このことは，同じ力学的エネルギーを出力できても，それをパフォーマンスに有効に利用できる選手とできない選手があることを意味する．

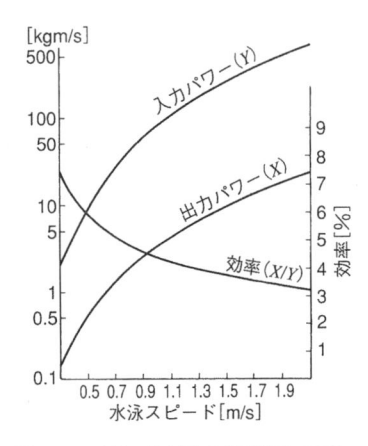

図17.5 水泳の泳速と効率(宮下,1970)
水泳の効率は3〜8%程度で，ランニングに比べて著しく低い．これは，水は水からの大きな反力を得られないこと，消費したエネルギーの多くが水の抵抗に打ち勝つために消費されるためである．

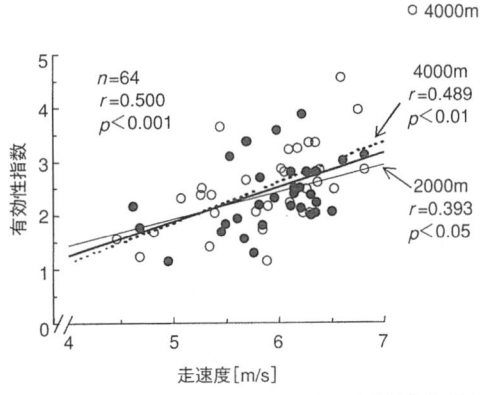

図17.6 記録水準の異なる長距離走者の有効性指数(榎本,2002)
疾走速度が大きい選手ほど有効性指数が大きく，また，同じ疾走速度でも有効性指数に相違がある．このことは，同じ力学的エネルギーを出力できても，それをパフォーマンスに有効に利用できる選手とできない選手があることを意味する．

17.3 効率を大きくし，力学的エネルギーを効果的に使うために

　三浦ら(1976)は，同じ最大酸素摂取量をもつが，5000 mの記録に差がある男子長距離走者2人の身体重心の動きを測定し，記録のよい走者の方が身体重心の上下動が小さかったことを見い出し，記録の劣る走者のむだなエネルギー(多くは身体重心を必要以上に上げるために使われるエネルギー)がすべて前進のために使われたと仮定すると，疾走速度を1 m/s近く増やすことができると推定している．また，湯(1996)は2人の一流女子長距離走者の力学的エネルギー変化を測定し，記録のよい選手のほうが支持期前半の水平速度の変化が小さい，すなわちブレーキが小さかったと述べている．
　これらのことは，重心の上下動，ブレーキの大きさなどの技術的要因が長距離走のパフォーマンスに大きな影響を及ぼすことを示している．このように動作の違いによって効率，力学的エネルギーの使い方，さらにパフォーマンスが大きく変化する．そこで，さまざまな身体運動の効率を高めたり，発揮された力学的エネルギーを運動課題に応じて有効に使うために留意すべきことをあげる．
　(1) 最適な方向に力を作用させる: 　たとえば，自転車のクランクに作用する力が垂直であれば力のモーメントが最大になるが，技術が未熟な場合や疲労した場合に

は力の方向がずれて，クランクに垂直に力が加えられなくなる．このように，力やエネルギーを運動課題に適合するように合目的的に使うことが重要である．

（2） 経済速度や最適条件を選択する： 図17.7はトレーニングを積んだ長距離走者に疾走速度を一定にしたまま，さまざまなストライドで走らせたときの酸素摂取量の変化を示したものである．図からわかるように，酸素摂取量を最小にするストライドが存在し，さらに鍛練者ではこのストライドは選手固有のものに近い．同様に，ランニングの効率を最大にするピッチが存在することが指摘されている（Kaneko et al., 1987）．また，自転車のサドル高やギヤ比によるエネルギー消費への影響やエネルギーを最小にする歩行速度などがある（金子，1988, pp.183-189を参照）．現状では，このような最適条件を見い出す方法は，実験室ではエネルギー代謝の測定をもとに推定する，実践の場ではトレーングを積むことにより試行錯誤により経験的に見い出すなどの方法が考えられるが，今後の課題であろう．

（3） 伸張・短縮サイクルを利用する： 筋腱複合体（muscle-tendon complex）を一度引き伸ばしてただちに短縮すると，引き伸ばされたときに筋腱複合体の弾性要素に蓄えられた弾性エネルギーが短縮時に利用されるので，短縮のために必要なエネルギーを少なくできるといわれている（弾性エネルギー再利用説）．またこのような過程を伸張・短縮サイクル（stretch-shortening cycle：SSC）と呼んでいる．この説の生理学的あるいはバイオメカニクス的根拠はまだ不明な点も多いが，筋腱複合体のエクセントリックな筋活動による場合（stretch）にはエネルギー消費量がコンセントリックな筋活動の場合（shortening）よりも小さいことも一つの要因と考えられる．

（4） 位置エネルギーを利用する： 歩行における力学的エネルギーの変化を考えると，支持期において身体の運動エネルギーが減少する局面では位置エネルギーが増加し，逆に位置エネルギーが減少する局面では運動エネルギーが増加する．このことは位置エネルギーが運動エネルギーに変換されていることを示し，このようなエネルギーの変換を利用することによって運動エネルギーをゼロから生み出すよりもエネ

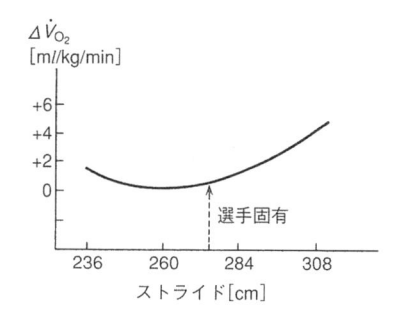

図17.7 ストライドを変えてランニングした場合の酸素摂取量の変化（長距離選手の場合）(Cavanagh and Willams, 1982)
酸素摂取量を最小にするストライドが存在し，さらに鍛練者ではこのストライドは選手固有のものに近い．

ギー消費が少なくなると考えられる．逆に，位置エネルギーと運動エネルギーの位相がずれて，位置エネルギーの減少と運動エネルギーの減少が重なると身体の総エネルギーの減少は大きくなり，その損失を筋がエネルギーを発揮して補わなければならなくなる．

（5）身体部分間のエネルギーの流れを利用する：すでに述べたように，関節を介して身体部分間でエネルギーの伝達を行えば，部分のエネルギー変動は大きくても筋群によって消費されるエネルギーを少なくできるので，効率，有効性，さらに経済性も大きくできる．しかし，関節力によるエネルギーの伝達も筋群によって身体部分が加速されることによって生じ，またコントロールされるので，筋群の働きが重要であることを忘れてはならない．

文　献

阿江通良，藤井範久（1996）：身体運動における力学的エネルギー利用の有効性とその評価指数．筑波大学体育科学系紀要 19：127-137

Asami T et al. (1975)：Energy efficiency of ball kicking. Biomechanics V-B（Komi PV ed.），pp. 135-140, University Park Press

Cavanagh PR and Williams KR (1982)：The effect of stride length variation on oxygen uptake during distance running. Med. Sci. Sports Exerc. 14：30-35

Daniels J (1985)：A physiologist's view of running economy. Med. Sci. Sports Exerc. 17：332-338

榎本靖士（2002）：長距離走動作のバイオメカニクス的評価法に関する研究．（未発表資料）

Kaneko M et al. (1985)：Influence of running speed on the mechanical efficiency of sprinters and distance runners. Biomechanics IX-B（Winter DA et al. eds.），pp. 307-312, Human Kinetics

Kaneko M et al.(1987)：Optimum step frequency in constant speed running. Biomechanics X-B（Jonsson B ed.），pp. 803-807, Human Kinetics

三浦望慶ほか（1976）：長距離走のスキルに関する実験的研究．身体運動の科学Ⅱ―身体運動のスキル―（キネシオロジー研究会編），杏林書院

宮下充正（1970）：水泳の科学―キネシオロジーと指導への応用―．p. 84-87，体育の科学社

湯　海鵬（1996）：機械的エネルギーからみた一流女子長距離ランナーの疾走フォーム―王軍霞選手と五十嵐選手の比較―．Japan J. Sports Sci., 15 (6)：415-420

〔さらに勉強するために〕

Cavanagh PR and Kram R (1985)：Mechanical and muscular factors affecting the efficiency of human movement. Med. Sci. Sports Exerc. 17：326-331

金子公宥（1988）：パワーアップの科学―人体エンジンのパワーと効率―．朝倉書店

第18講

スポーツ用具のバイオメカニクス

　スポーツでは，シューズ，ウエア，テニスラケット，ゴルフクラブ，バットなど多様な用具が用いられる．スポーツ用具に関する研究は，バイオメカニクスのみならず機械工学や材料工学の分野からも研究が進められてきている．特に近年は，スポーツ工学（sport engineering）と呼ばれる研究分野も確立されている．

　本講では，ランニングシューズの衝撃緩衝性，近年の工学的手法によるスポーツ用具の振動解析について述べる．

18.1　ランニングシューズのバイオメカニクス

　多くのスポーツにおいて，グランドや床との接点はシューズである．また，スポーツシューズメーカーは，競技特性に合わせてさまざまなシューズを開発している．なかでもランニングシューズは，1970年代のジョギングブームの際に問題となったランニング障害の予防を目的として，目覚ましい発展を遂げたスポーツ用具の一つである．

18.1.1　シューズの衝撃緩衝性と踵安定性

　ランニングシューズの機能性評価は，衝撃緩衝性，踵安定性，屈曲性，グリップ性，耐久性，フィット性，重量，通気性など，さまざまな観点から行うことができる．このうち，衝撃緩衝性（衝撃吸収性と呼ぶこともあるが，衝撃エネルギーの吸収性と区別するために，ここでは「緩衝」という表現を用いる）と踵安定性は，スポーツ障害と密接に関連し，スポーツバイオメカニクス研究者，整形外科の医師，さらにスポーツシューズメーカーを中心に研究が進められてきている．

　ランニングやジョギングにおける着地時の衝撃的な地面反力の鉛直成分は，体重の3倍以上に達することもある．さらに走幅跳びの踏切りでは，体重の8倍にもなるという報告もある．シューズの衝撃緩衝性とは，着地時の衝撃的な地面反力を低減させ

る性能のことであり，ランニングシューズの場合には，主としてミッドソールの材質や構造によって決まるものである．

　衝撃緩衝性を向上させるためには，直接的にはミッドソールを柔らかく，また厚くすればよい．しかしミッドソールを柔らかく，または厚くすれば，踵安定性が低下するといわれている．踵安定性とは，一般には着地直後の距骨下関節（足関節）の過度な回内（足部の外旋，外反，背屈の複合運動）を制御する性能のことである．踵安定性が悪いシューズを履いて長時間のランニングを続けると，腸脛靭帯炎などの下肢障害の危険性が高くなるという報告もある．踵安定性は，シューズのミッドソールの構造やヒールカウンタ（またはヒールカップ）の形状によって決定されるものである．

　テニスやエアロビクスダンスなど他のスポーツにおいても，シューズの衝撃緩衝性の向上は下肢障害の低減につながる．さらに，一般紳士靴や婦人靴においても，歩行時の着地衝撃を低減させることは疲労や不快感の低減につながり，シューズの衝撃緩衝性を測定・評価することは重要な課題である．

18.1.2　シューズの衝撃緩衝性評価
a. 地面反力を用いたシューズの衝撃緩衝性評価

　ランニング時の地面反力の鉛直成分は，一般的に図 18.1(a) に示すような二峰性を示す（それぞれ第 1 ピーク，第 2 ピークと呼ぶ）．この二峰性の地面反力は，図中に示すように着地（または接地）直後の衝撃的な地面反力（A）と，比較的周波数が低い地面反力（B）とが重ね合わされたものである．このうち後半の周波数が低い地面

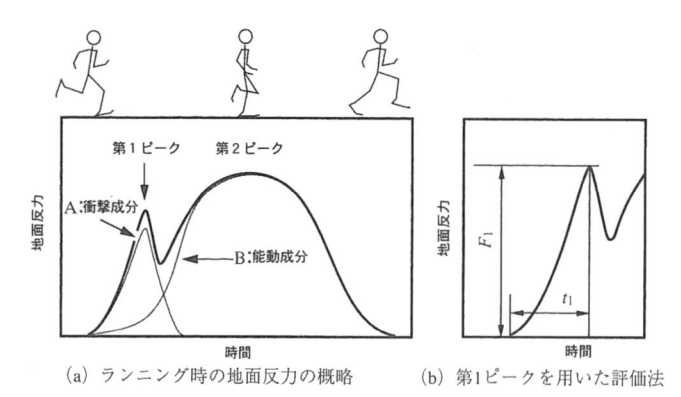

図 18.1　ランニング時の地面反力を用いた着地衝撃の評価
(a)：ランニング時の地面反力は二峰性を示し，着地直後の衝撃的な地面反力と能動成分の重ね合わせである．(b)：ピークの大きさを F_1，着地から第 1 ピークに達するまでの時間を t_1 とする．

反力は，身体重心の鉛直方向の加速度に対応した能動的な地面反力であり，シューズの衝撃緩衝性にはほとんど影響を受けない．一方，ランナーの特性（ランニングフォームなど）が変化しないと仮定すれば，衝撃的な地面反力（地面反力の第1ピーク）を用いてシューズの衝撃緩衝性を評価することができると考えられる．

図 18.1(b)に，地面反力の第1ピークをもとに衝撃緩衝性を評価する際の指標を示す．

（1）第1ピークの大きさ（F_1）： 第1ピークの大きさは，一般的には体重の2～3倍である．衝撃緩衝性が高いシューズは，衝撃緩衝性の低いシューズに比べて地面反力 F_1 が小さい．

（2）第1ピークに達するまでの時間（t_1）： 着地後，地面反力がピーク値を示すまでの時間は，通常のランニングの場合には 10～30 ms である．衝撃緩衝性が高いシューズは，衝撃緩衝性の低いシューズに比べて時間 t_1 が長い．

（3）第1ピークまでの地面反力の平均増加率（F_1/t_1）： 着地後，地面反力がピーク値を示すまでの地面反力の平均増加率（傾き）を指標とする．衝撃緩衝性が高いシューズは，衝撃緩衝性の低いシューズに比べて地面反力の傾き（F_1/t_1）が小さい．

一般には，これらの指標を単独で用いるのではなく，総合的に評価してシューズの衝撃緩衝性とすることが多い．

b. 加速度計を用いたシューズの衝撃緩衝性評価

上述の方法は，地面に加えられた力をもとに衝撃緩衝性を評価するものであるが，人に加えられた力をもとに衝撃緩衝性を評価することもできる．そこで，図 18.2 に示すように加速度計の感度方向を下腿長軸の方向に一致させて，外果上部または脛骨前面の皮膚上に加速度計を固定する（なお長軸に直交する方向にも加速度計を固定す

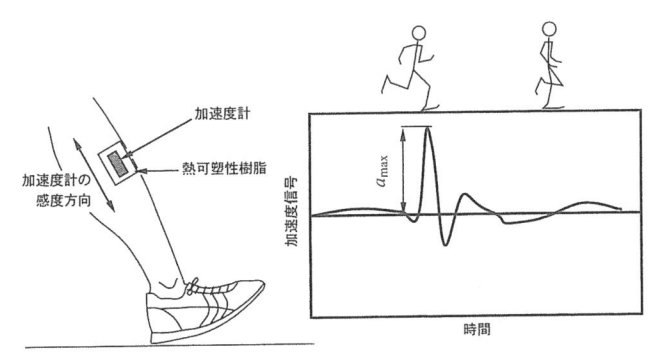

図 18.2 下腿に取り付けた加速度計と加速度波形
着地直後の加速度の最大値 a_{max} を指標にする．

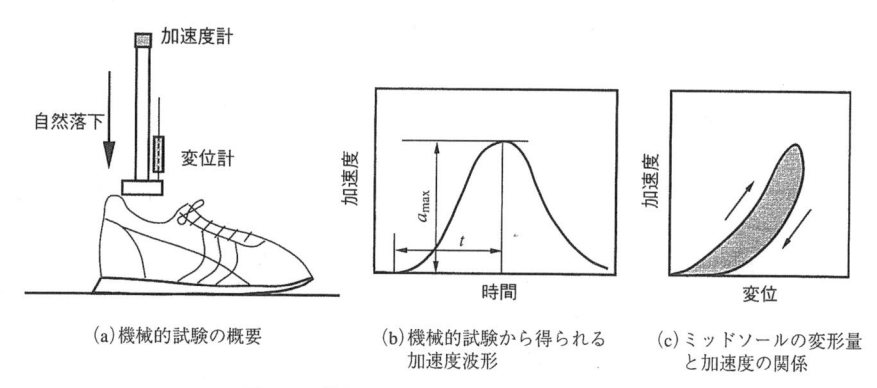

142　第18講　スポーツ用具のバイオメカニクス

(a)機械的試験の概要　　(b)機械的試験から得られる　　(c)ミッドソールの変形量
　　　　　　　　　　　　　　加速度波形　　　　　　　　　と加速度の関係

図 18.3　機械的試験による衝撃緩衝性評価方法
(a)：シューズに重錘を落下させ，加速度と変位（ソールの変形量）を測定する．(b)：加速度のピークの大きさを a_{max}，ピークに達するまでの時間を t とする．(c)：変位-加速度曲線で囲まれる面積を求める．

ることもある）．そしてランニングを行い，着地直後の衝撃加速度の最大値 a_{max}（または絶対値の最大値）をシューズの衝撃緩衝性の指標とする．これは，人に加えられた力を代表するものであり，着地直後の衝撃的な加速度が小さいほどシューズの衝撃緩衝性が高いシューズと評価する．

c. 機械的試験によるシューズの衝撃緩衝性評価

図 18.3(a) は鉄製のシャフトをシューズのソールに落下させ，そのときの衝撃加速度（減速度）を測定する装置の概要を示したものである．シャフトの上端に加速度計を取り付けて衝撃加速度を測定し，同時にシャフトの鉛直運動とソールの変形量を変位計で測定する．図 18.3(b) は加速度信号の時間的変化を模式的に示したものであり，図 18.3(c) はミッドソールの変形量と加速度の関係を示したものである．シューズの衝撃緩衝性は，地面反力の第1ピークに基づいて評価する場合と同様に，加速度の最大値 (a_{max})，最大値までの時間 (t)，加速度曲線の傾き (a_{max}/t) をもとに総合的に評価することができる．また加速度とシャフトの質量の積がミッドソールからシャフトに加えられる力の大きさを示すことから，図 18.3(c) の変位-加速度曲線で囲まれる面積をシューズのエネルギー吸収性の大きさを示す指標として用いることができる．

18.1.3　シューズの衝撃緩衝性評価の問題点および注意点

　実際のマラソンシューズは，長時間にわたり使用されると考えられる．そこで宮川ら（1989）は，陸上競技の長距離種目を専門とするランナーと一般市民ランナーの2人を被験者として下腿に生じる衝撃加速度を 60 分間連続して計測している．測定開

始直後と60分間の走行終了直前の衝撃加速度を比べると，陸上競技選手においては差がなかったものの，一般市民ランナーにおいては測定開始直後が5〜6G（1G＝9.81 m/s²）であったのに対して60分走行終了直前は8〜9Gと有意に増加していた．これは，一般市民ランナーにおける下肢の衝撃緩衝能力が疲労によって低下してきたことが原因と考えられ，衝撃加速度の変化がシューズの衝撃緩衝性の変化だけを表しているのではないことを示しており，シューズの衝撃緩衝性を評価する際に留意しなければならない点である．

またシューズの衝撃緩衝性の違いに対して被験者（ランナー）がランニングフォームを調整していることを示す研究結果（Kinoshita et al., 1987）もある．衝撃緩衝性が大きく異なると考えられる2種類のシューズを履いてトレッドミル上でランニングを行い，脛骨前面に固定した加速度計から着地直後の衝撃加速度を測定した．その結果，機械試験で9.7Gを記録したシューズA（衝撃緩衝性が高いシューズ）と16.2Gを記録したシューズB（衝撃緩衝性が低いシューズ）を比較したところ，機械的試験では衝撃緩衝性が高いと考えられるシューズAのほうがランニングでの衝撃加速度は大きかった．これは着地時の下肢の姿勢や動きが異なっていたためであるが，加速度信号のピーク値を評価すると，機械的試験の結果と逆になる可能性があることを示している．

いいかえると，地面反力を用いた衝撃緩衝性の評価方法も含めて実際のランニング時の計測データをもとにシューズの衝撃緩衝性を評価することは，被験者（ランナー）の衝撃緩衝特性を同時に測定することになり，測定結果を評価する際には細心の注意が必要である．

18.2 打具のバイオメカニクス

野球，テニス，ゴルフなどのスポーツでは，打具すなわちバット，ラケット，クラブなどでボールを打つことで競技が進行していく．これらの打具の性能評価方法として，質量，慣性モーメント，重心位置などの静的な特性，反発係数などの動的な特性がある．一般に反発係数が大きいほうが速いボールを打つことが可能と考えられる．しかし反発係数が大きくても，反発係数が大きなエリア（スイートスポットと呼ばれることもある）が狭いと，スイートスポットからはずれたところで打った場合には，ボールが思うように飛ばないことになる．

また近年，テニスラケットや野球バットのようなスポーツ用具の性能評価方法の一つとして，モーダル解析が用いられている．ラケットやゴルフクラブがボールと衝突した場合，図18.4(a)に示すような変形をするだけでなく，図18.4(b)〜(d)のよう

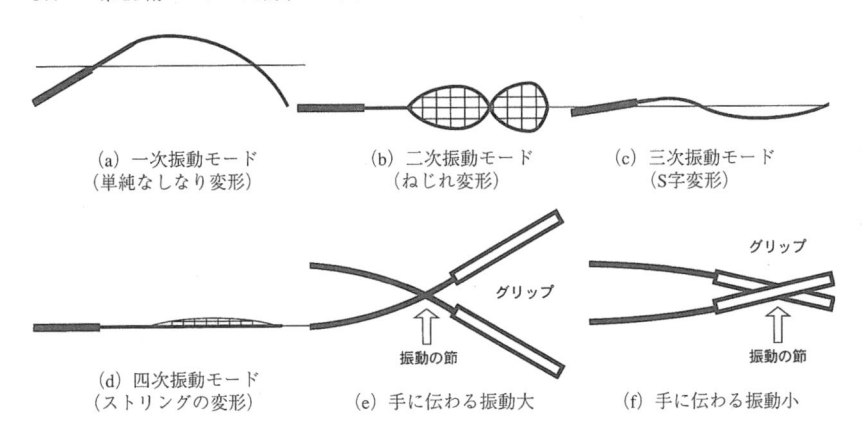

(a) 一次振動モード
（単純なしなり変形）

(b) 二次振動モード
（ねじれ変形）

(c) 三次振動モード
（S字変形）

(d) 四次振動モード
（ストリングの変形）

(e) 手に伝わる振動大

(f) 手に伝わる振動小

図 18.4　テニスラケットの振動モードと手に伝わる振動の大きさ
振動の節や振幅の大きさによって，手に伝わる振動が異なる．

な複雑な振動が重ね合わされた変形をしている．この多様な振動パターン（これを振動モードと呼ぶ）を分析する手法がモーダル解析である．スポーツ用具の場合には，同じ反発係数をもった用具でも実際に打球してみると手に伝わる振動が異なる場合があり，その原因を明らかにするために用いられることもある．たとえば，図 18.4(e)や(f)に示すように，同じ反発係数をもったテニスラケットでも，グリップ部の振幅が異なれば手に伝わる振動が異なることがわかるであろう．

18.3　CAE の利用

スポーツ用具の開発過程において，試作品を作成するために数百万円の経費がかかることも珍しくない．そこで近年，スポーツ用具メーカーは CAE（computer aided engineering，コンピュータ援用エンジニアリング）を用いて，試作品をつくらずに商品設計・開発さらには機能評価を行うようになってきている．現在は，有限要素法（finite element method：FEM）を用いた強度設計，振動解析などが主流である．有限要素法では，対象とする物体（この場合はスポーツ用具）を細分化し，それぞれの要素の特性（弾性係数，粘性係数，ヒステリシスなど）をコンピュータプログラムのパラメータとして代入する．そしてコンピュータ上で仮想的な力を加えて強度解析を行ったり，別途モデル化したボールとの衝突現象を再現することもできる．

たとえば，図 18.5 はテニスラケットとボールの有限要素モデルを表している．これらのモデルを用いてコンピュータ上でシミュレーションを行うことにより，衝突時

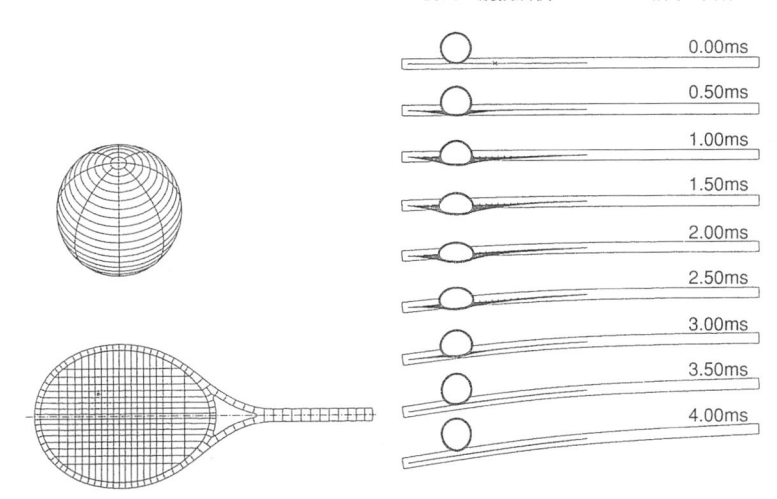

図 18.5 有限要素法によるテニスラケットとボールと衝突現象（神田, 1997）

の反発係数や振動モードを推定することも可能である．また近年は，ランニングシューズのソールのような大変形を起こす粘弾性体に対しても CAE を適用できるようになってきている．

18.4 競技成績とスポーツ用具の関係

　スポーツ用具が競技成績に影響を及ぼすことはいうまでもないであろう．しかし，性能のよい用具を用いればより高い競技成績が得られるかには疑問が残る．たとえば，マラソン用シューズには，片足で約 100 g という軽量のものもある．軽いシューズを用いることでエネルギー消費を少なくすることができるだろう．しかし，軽量化に伴いシューズの衝撃緩衝性は低下する傾向にある．トレーニングを積み重ね，下肢による衝撃緩衝能力が高い選手の場合には，シューズ軽量化の効果が衝撃緩衝性低下に比べて大きく，最終的に得られる競技成績が高くなることが期待される．しかし，ジョギングを始めてまもない初心者が，軽量であることだけを理由にマラソン専用シューズを用いれば，下肢の障害を発生する可能性はきわめて高いものになろう．また，上述したように運動開始直後は障害の原因にならなくても，長時間の運動をする場合には疲労の影響も考慮しなければならない．

　また，ラケット，バット，ゴルフクラブのようなスポーツ用具においても，同様のことがいえよう．たとえば，ゴルフクラブのシャフトについてみれば，プロゴルファーが用いているシャフトは一般的に剛性の高い（硬い）シャフトである．これはスイン

グ速度と振動モードを最適な関係にするためであるが，一般ゴルファーが剛性の高いシャフトを用いると，インパクト前にクラブヘッドの最高速度が出現してしまうことが多く，大きな飛距離を得ることができない．

　すなわち，スポーツ用具の選択においては，障害の予防を基本にして，各自の技術や体力レベルに適した用具を選択する必要がある．有名選手が用いているからといって，自分に適さない用具を選択することは障害の危険性を増すだけでなく，競技成績も低下させることになる．しかし，現時点では最適な用具の選択方法が確立されているとはいえず，スポーツバイオメカニクスとスポーツ用具工学の今後の研究課題である．

文　献

Kinoshita H et al. (1987)：Responses of the lower extremity muscles to varied cushioning properties of the foot/ground interface during running. Biomechanics XI-B (Gert Groot et al. eds.), 660-667, Free University Press
神田芳文 (1997)：有限要素法によるテニスラケットとボールの衝突解析（ラケットの衝突特性）．スポーツ工学シンポジウム論文集．日本機械学会：222-226
宮川　健ほか (1989)：疲労と着地衝撃に関する一考察．日本体育学会第40回大会号

第19講

スポーツバイオメカニクスにおける
コンピュータシミュレーション

　コンピュータ上で仮想的な運動を発生させて身体運動を研究したり，最適動作を推定したりする方法として，コンピュータシミュレーション (computer simulation) がある．コンピュータシミュレーションは，コンピュータ（ハードウェア，ソフトウェアとも）の発達とともに進歩してきており，現在では多くのバイオメカニクス的研究にコンピュータシミュレーションが用いられている．本講では，身体運動におけるコンピュータシミュレーションを概説するとともに，今後の課題について述べる．

19.1　シミュレーションとモデリング

　Pritsker (1979) は，シミュレーションを「システムが，決められたルール (well-defined operating rules) に従って，一つの状態から別の状態へ動的に変化するのを記述すること」と定義している．この中の "well-defined operating rules" は，一般には「モデル」(model) と呼ばれ，実体のあるものとないものに大別でき，前者を物理モデル，後者を数学モデルと呼んでいる．身体運動を対象とした場合，スキージャンプの風洞実験に用いる人体のダミーモデルなどを物理モデル，身体部分の運動方程式や筋収縮の特性方程式など，対象を数学的に（数式を用いて）表現したものを総称して数学モデルと呼ぶ．いずれのモデルを用いる場合でも，シミュレーションとはこれらのモデルを用いて対象の動的な変化を表現することである．またコンピュータ上に構築された数学モデルを用いてシミュレーションを行うことを，「コンピュータシミュレーション」と呼ぶ．

　図 19.1 は，コンピュータシミュレーションの過程を示したものである．図中の※印までがモデルを構築する過程（モデリング）を，※印以降がシミュレーションの過程を示している．図 19.1 や Pritsker の定義から分かるように，シミュレーションを行うためにモデルは必要不可欠なものであるが，逆にモデリングとシミュレーションが混同されることが多い．そこで Vaughan (1984) は，Pritsker の定義を踏まえて，

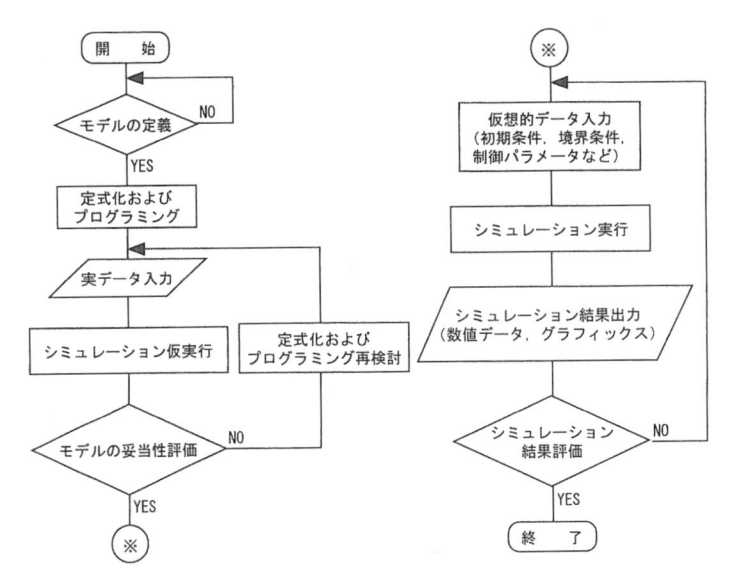

図 19.1　コンピュータシミュレーションの基本的流れ（Vaughan, 1984）

コンピュータによるモデリングとシミュレーションを以下のように区別している．
（1）モデリング：　対象とするシステム（一般には身体）の特性を表す方程式を導出し，各種パラメータと組み合わせてコンピュータプログラムとして表現すること．
（2）シミュレーション：　構築されたモデルを用いて，コンピュータ上で仮想的実験を行うこと．

19.2　体育・スポーツにおける身体運動シミュレーションの目的

身体運動のシミュレーションを行う目的はさまざまであるが，以下のようなものが考えられる．
（1）生体内力の推定：　身体の動きが変化したときに，生体内に作用する力や筋力がどのように変化するかを明らかにする．これは逆動力学的分析に基づくものであるが，たとえば実際に行っている作業の姿勢を変化させることによって，生体に作用する負担を小さくすることが可能かを検討する．
（2）運動の力学的原則の理解：　どのような力学的原則によって身体運動が発生するかを明らかにする．たとえば，体操競技，トランポリン競技や水泳の飛込競技などでみられるひねりを加えた宙返りが，どのような力学的原則により行われているか

を検討する．

（3）動作基準の推定：　身体は関節に冗長性をもっているため，ある目的の運動をするには，さまざまな運動パターンをとることができる．たとえば，身体の前方にある物体を手で取る場合，矢状面内だけで上腕を動かすことも可能である．また肘を肩の高さまで上げて，水平面内だけで上腕を動かすことも可能である．しかし，実際には何らかの基準に従って運動が制御されているはずである．そこで，コンピュータシミュレーションによりさまざまな動作をつくり出して，実際に行われる動作の基準を明らかにする．

（4）最適動作の究明および新しいスポーツ技術の開発，競技成績の向上：　最適動作，たとえば消費エネルギーや跳躍距離を最小または最大にする動作を推定する．また，最適動作と人体の特性（形態や筋力）との関連を明らかにする．さらにさまざまな仮想的な動作を求めて新しいスポーツ技術を開発したり，競技成績を向上させるための動作の改善点を明らかにする．

（5）用具の最適設計：　前述したスポーツ用具のバイオメカニクス的分析と身体運動のシミュレーションを組み合わせることによって最適な用具の設計を行う．しかし，現時点では，身体運動とスポーツ用具を組み合わせたコンピュータシミュレーションはあまり行われていない．

19.3　コンピュータシミュレーションの利点と欠点

コンピュータシミュレーションの利点および欠点をまとめると以下のようになる．
利点としては，

（1）危険な試技や実験を選手や被験者に強いる必要がなく安全：　たとえば，ある体操選手が3回宙返りを行うことができるかを，コンピュータシミュレーションで確認することができる，

（2）さまざまな条件でのシミュレーションを瞬時に実行可能：　コンピュータに入力する各種パラメータを変更することで，さまざまな条件での仮想的な試技を再現できる，

（3）最適動作の推定が可能：　競技スポーツにおいては，競技成績を向上させることも可能である，

（4）物理モデルをつくることに比べて安価：　ダミーロボットや実験装置を作る必要がない，

などがあげられる．
欠点としては，

(1) 妥当性の検証が困難,
(2) シミュレーション結果を実践に活かすのが困難,
などがあげられる．

19.4 コンピュータシミュレーションを利用したバイオメカニクス的研究

19.4.1 歩行動作の制御メカニズム

多賀（1992）は，歩行運動の制御メカニズムを検討するために，図19.2(a)に示すような筋骨格モデルと図19.2(b)に示すような神経系の相互結合モデルを組み合わせることによって，歩行動作のシミュレーションを行っている．このモデルに適当な初期条件を与えることにより，図19.2(c)に示すように地面が平地から坂道に変化する場合や外乱が与えられた場合でも，安定した歩行が行うことができることを示している．そして，歩行運動は中枢でのプログラムのみによって完全に制御されているのではなく，筋骨格系と神経系間のリズムの相互引き込みによって，環境の変化に柔軟に対応していることを示唆している．

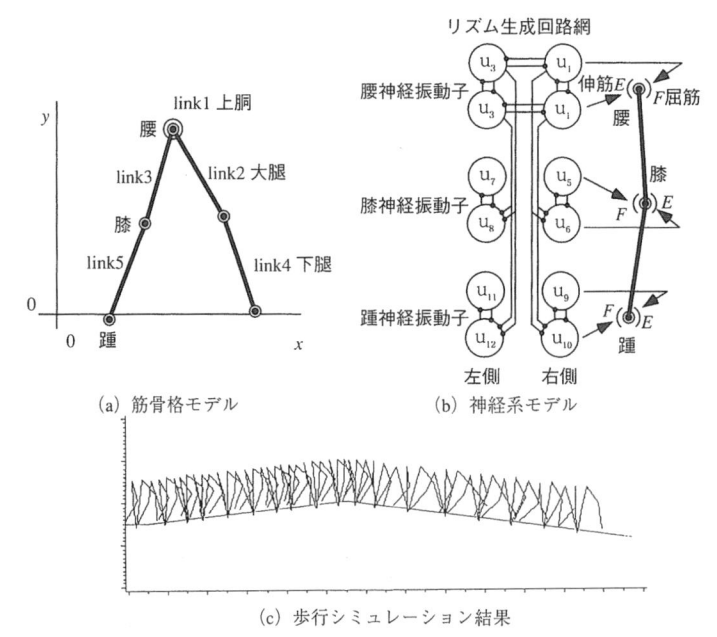

図 19.2 神経-筋骨格モデルによる歩行シミュレーション（多賀，1992）
筋骨格モデルに神経振動子を組み合わせることにより,坂道の歩行シミュレーションも可能．

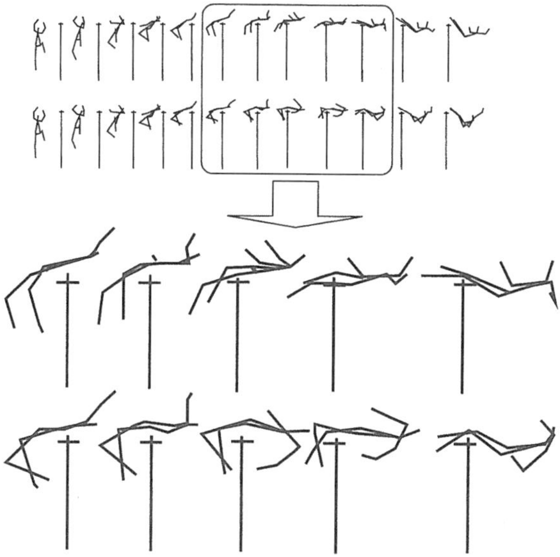

図 19.3　走高跳びの三次元シミュレーション（Dapena, 1981）
離地瞬間の姿勢が同じでも，空中姿勢を変えることでクリアできるバーが高くなる．

19.4.2　空中における身体運動のシミュレーション

空中では，身体の重心は放物運動し，身体全体の角運動量は一定である．そこで，この特徴（放物運動と角運動量一定）を利用した身体運動のシミュレーション，特に体操競技やトランポリンでの宙返りやひねり運動のシミュレーションが多く行われている．

Dapena（1981）は，走高跳びの三次元シミュレーションを行い，図 19.3 に示すように同じ踏切りをしても空中での姿勢を適切に変えることによって，クリアできるバーの高さが異なることを示している．また，湯ら（1990）は，体操競技の跳馬種目でのひねりを伴う宙返りが，上肢の非対称な運動だけで行うことができることを 2 要素の剛体リンクモデルを用いたシミュレーションによって示している．

19.4.3　筋骨格モデルによるシミュレーション（最適動作の推定）

Hatze（1983）は，走幅跳びにおける踏切動作の最適化シミュレーションを行った．具体的には，242 ヵ所の形態計測データをもとにして身体 17 セグメントの質量，重心位置，慣性モーメントを推定し，46 個の筋群について最大筋力などのパラメータを推定した．そして跳躍距離を目的関数として最適な踏切動作を推定した．その結果，

この被験者の踏切りの問題点（最適動作との違い）は，股関節の伸展タイミングが遅れていること，さらに踏切時の股関節の伸展が不十分であることが示唆された．そこで最適動作と実際の動作を比較しながら3週間のフォーム修正のトレーニングを行った結果，32回の跳躍の平均記録 6.58 m，最高記録 6.96 m だったのが，平均記録 7.12 m（最高記録ではない）に向上したと報告している．

19.5 現在のコンピュータシミュレーションの問題点

　現在のコンピュータシミュレーションの第一の問題として，「シミュレーションを行う基礎になるモデルをどのように構築するか」，また「パラメータはどのように決定するか」があげられる．ここでパラメータの相違がシミュレーション結果に大きな影響を及ぼすことを示す例として，垂直跳びにおける二関節筋の役割に関する研究（Bobbert ら，1988；Pandy ら，1991；Fujii ら，1992；van Soest ら，1993）を簡単に紹介する．

　これらの研究では身体の二次元筋骨格モデルを用いているが，二関節筋の役割を明らかにするために二関節筋を単関節筋におきかえたモデルを用いて垂直跳びのシミュレーションを行っている．その結果，二関節筋を単関節筋におきかえると跳躍高が減少するので，二関節筋は高く跳ぶために貢献していると報告した研究（Bobbert ら，1988；Fujii ら，1992；van Soest ら，1993）と，その逆に跳躍高が増大するので貢献していないと報告した研究（Pandy ら，1991）とに分かれた．しかしこれらのシミュレーションでは，筋の最大収縮速度やモーメントアームに違いがあり，それが跳躍高の増減に影響を与えたものと考えられる．

　このようにコンピュータシミュレーションにおいては，モデルやパラメータの違いによって，まったく逆の結果を導き出す可能性がある．そして，どのようなモデルを構築すべきか，構築したモデルの妥当性を判断する基準はあるのか，どれぐらい複雑な（詳細な）モデルを構築する必要があるのかなどの問題は，研究者に委ねられているというのが現実であろう．

　第二の問題として，最適化処理を行う場合にどのような最適化基準（目的関数）を用いるかがあげられる．上述したような歩行シミュレーションの場合，歩行距離だけでなくトルク（筋力）やトルク変化，パワー，消費エネルギーなどさまざまな目的関数が考えられるが，実際に人が運動しているときの目的関数はわかっていない．この目的関数を明らかにするためには，より詳細な身体モデルを構築する必要があるだろうが，その際には第一の問題点との整合性が問題となってくる．

　第三の問題として，コンピュータシミュレーションに関する適切な教科書がないこ

とがあげられる．コンピュータシミュレーションに必要な基礎知識，たとえば物理学や数学を解説し，体育・スポーツ分野での応用例を示し，さらに簡単なシミュレーションプログラムを載せた教科書が必要であろう．

文　献

Bobbert MF and van Ingen Schenau GJ (1988)：Coordination in vertical jumping. J. Biomechanics. 21：249-262

Dapena J (1981)：Simulation of modified human airborne movements. J. Biomechanics. 14：81-89

Fujii N and Moriwaki T (1992)：Functional evaluation of two-joint muscle during squat jump based on concept of power-flow. Mem. Grad. School Sci. & Technol. Kobe Univ. 10-A：127-143

Hatze H (1983)：Computerized optimization of sports motions：an overview of possibilities, methods and recent developments. J. Sports Science 1：3-12

Pandy MG and Zajac FE (1991)：Optimal muscular coordination strategies for jumping. J. Biomechanics. 24：1-10

Pritsker AAB (1979)：Compilation of definitions of simulation. Simulation. 33：61-63

多賀厳太郎（1992）：下肢運動のモデル化とシミュレーション．バイオメカニズム学会誌 16：209-214

湯　海鵬ほか（1990）：宙返り一捻りコンピュータシミュレーション．ジャンプ研究（日本バイオメカニクス学会編），pp.74-79，メディカルプレス

van Soest AJ et al. (1993)：The influence of the biarticularity of the gastrocnemius muscle on vertical-jumping achievement. J. Biomechanics. 26：1-8

Vaughan CL (1984)：Computer simulation of human motion in sports biomechanics. Exercise and Sport Sciences Reviews（Terjung RL ed.），12：373-416，The Collamore Press

第20講

スポーツバイオメカニクスの研究と論文

論文の書き方に関する書籍には優れたものが多くある（参考図書を参照）ので，ここではスポーツバイオメカニクスの研究の流れ，研究計画，論文・レポートの形式について簡潔に述べる．

20.1 実験や測定を中心とする研究の流れ

バイオメカニクスや運動生理学などの自然科学的分野では，図20.1に示したように研究課題を設定し，それに対する仮説を検証するという過程で研究が行われて知見が蓄積され，さらに吟味・洗練されて原理・原則の確立に至る．また，研究のスタートでは，通常は，文献などをもとに課題や仮説を設定するが，スポーツバイオメカニクスではこのようなオーソドックスな方法に加えて，自己の運動経験や指導経験，運

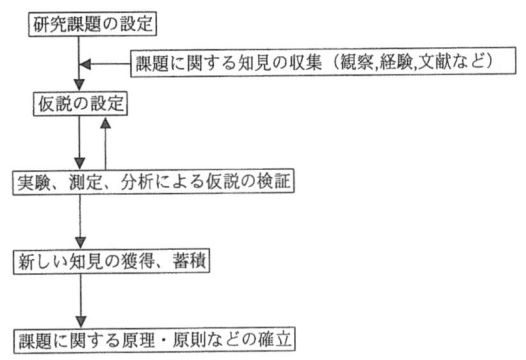

```
研究課題の設定 ←──┐
      ↓          課題に関する知見の収集（観察,経験,文献など）
   仮説の設定
      ↓ ↑
 実験、測定、分析による仮説の検証
      ↓
  新しい知見の獲得、蓄積
      ↓
 課題に関する原理・原則などの確立
```

図20.1 研究の流れ（研究課題の設定から原理・原則の確立まで）
研究課題を設定し，それに対する仮説を検証するという過程で研究が行われ，知見が蓄積され，さらに吟味・洗練されて原理・原則の確立に至る．

動の観察，実践での疑問などから直感的に研究課題や仮説を設定する場合もある．

20.2 研究計画の形式

　自分の研究テーマや研究課題が決定し，文献を研究し，自分のやりたいこと，できることなどが具体的になったとする．次は，これらを友人，先輩，先生などに説明し，いろいろな指摘を受けたり，アドバイスをもらったり，また自分の限界を知ったりするため，具体的な研究（実験）の計画をつくる．なお，論文や文献を読むときは，自分が研究計画や論文を書くつもりで読むと，書き方，構成などにも注意が向く．

　研究計画（research plan）の形式は，おおむね次のようなものである．しかし，アメリカの大学院などの研究計画書（research proposal）は，ここでいう研究計画とはやや異なり，研究計画書に結果と考察を加え，結論をまとめると，そのまま博士論文として提出できるほどの完成度の高いものを意味することが多い．また研究計画書を提出し，審査に合格しなければ，実験すら許可してもらえない場合もあるようである．

〔研究計画の内容〕
① 題目
② 目的
③ 文献研究：先行研究，関連文献の紹介や説明を簡潔にまとめる．
④ 研究（実験）方法：被験者，実験試技，実験・測定装置などについてまとめる．実験では，試技順なども決めておくほうがよい．また装置の有無を確認し，ないものや不足のものを入手する手立てなども考えておくことが望ましい．
⑤ データの処理法の概要：おもな測定項目と測定法（算出法）など．
⑥ 考察の観点
⑦ 予想される結果，仮説など：図や表などを用いると理解しやすい．
⑧ その他：最近では，実験に参加する被験者の人権の保護，安全などのために，同意書（informed consent）を取り交わすことが要求されるので，準備しておくことも必要である．

20.3 論文・レポートの形式

　大学では単位取得のためのレポートや卒業論文を，大学院では投稿論文，修士論文，博士論文を書かなければならない．論文・レポートの出来映えは，研究テーマ，内容，それに注入したエネルギーと時間が決定する．特にエネルギーと時間は重要で，研究テーマがよくても，これらが不足するとよいものを作成することは不可能である．

論文にはある程度の形式があり，それに従ってまとめたほうがわかりやすく，能率もよい．学生や大学院生にとっては，論文・レポートの形式を学ぶことも重要な学習目標の一つである．独創的な形式の論文を書くのは，一般的な形式を学んだあとでも遅くはないであろう．

a. 一般的な形式

スポーツバイオメカニクスあるいは実験や調査を主体とした論文・レポートの構成は，以下のようなものが一般的である．

〔論文の一般的な形式〕

① 題目：論文の内容がおよそわかるものが望ましい．
② 著者名，所属：学術雑誌に投稿する場合などは，欧文（英語が多い）の要約を作成し，緒言の前に入れることが多い．
③ 緒言（まえがき，はじめになど）：研究の動機，研究課題の説明，先行研究のレビュー，研究目的など（文献を収集したら，文献の種類，収集した目的，内容などに応じて，自分なりの方法で分類しておくことが重要である．ただ集めただけ，読んだだけでは，文献を生かせない）．
④ 研究（実験）方法あるいは方法：被験者，実験方法（すすめ方，実験装置など），データ処理法，測定項目と測定法などに分けて書く．
⑤ 結果：実験結果をできるだけわかりやすく，表や図を用いて説明する．
⑥ 考察：結果を説明したり，先行研究と比較したり，結果から研究課題や目的に関して何がいえるか，結果をどのように解釈するかなどを，順序よく記述する．⑤と⑥をまとめて［結果と考察］とすることもある．
⑦ 結論（まとめ）
⑧ 謝辞：研究に協力してくれた人に対して礼を失しないように書く．
⑨ 文献（参考文献，引用文献など）：形式はさまざまであるが，（ⅰ）著者名，（ⅱ）題目，書名，（ⅲ）掲載雑誌名，（書籍であれば，発行所，発行地など），（ⅳ）巻号，ページ，発行年などを，著者名のアルファベット順に記述する．このほか，資料として実験の生データ，調査用紙，用いたコンピュータのプログラム，数式などを付けることもある．

b. 学位論文の形式

大学院の課程を修了するために提出する修士論文や博士論文は，大学によってその形式が異なるが，バイオメカニクス領域の学位論文の形式例を一つあげておく．

〔学位論文の形式例〕

論文題目
著者名，所属

要約（abstracts，英文が望ましい．別紙として論文に含めないこともある）

目次
表一覧（List of tables）
図一覧（List of figures）
記号集（Nomenclature）

1. 緒言
   1.1 研究の背景，動機，意義など
   1.2 目的および研究課題と仮説
   1.3 研究上の仮定
   1.4 研究の限界（研究方法，結果の一般化・普遍化に関して）
   1.5 用語の定義
2. 文献研究
3. 研究方法
4. 結果
5. 考察
   （複数の研究課題からなる場合，既発表の論文をもとにまとめる場合などでは，3〜5の代わりに目的（研究課題），方法，結果，考察，要約を単一の章としてまとめて複数の章をおき，最後に総括，論議などの章を設けるというまとめ方もできる）
6. 結論
   6.1 研究課題に関する結果の要約（実験結果の要約，研究課題に関してなど）
   6.2 研究目的に関する結論や知見（仮説に関して，得られたおもな知見，技術およびトレーニングへの示唆など）
   6.3 今後の課題
7. 謝辞
8. 文献リスト
9. 付録

20.4 参 考 図 書

論文の書き方に関する図書の例を以下にあげる．

① 波多野義郎（1974）：保健体育　実例リポート・論文の書き方．泰流社
② 木下是雄（1981）：理科系の作文技術．中公新書
③ 田中　潔（1992）：手ぎわよい科学論文の仕上げ方．共立出版
④ 冨田軍二（1975）：新版　科学論文のまとめ方と書き方．朝倉書店
⑤ 阪田せい子，ロイ・ラーク（1998）：だれも教えなかった論文・レポートの書き方．総合法令

英語で書いた論文を投稿する場合には，専門家（なるべく native speaker）に英文の添削を行ってもらうべきであるが，まず自分で英文を書く場合の参考図書の例を以下にあげる．

① Alley, M.（志村史夫編訳）（1998）：理科系の英文技術．朝倉書店
② 原田豊太郎（2002）：理系のための英語論文執筆ガイド．ブルーバックス．講談社
③ James, T. Keating（2001）：英語正誤用例事典．The Japan Times
④ 崎村耕二（1994）：英語論文によく使う表現．創元社
⑤ 篠田義明，J.C. マスィーズ，D.W. スティーブンソン（1998）：科学技術論文・報告書の書き方と英語表現．日興企画

また，英単語の使い方が適切かをチェックする際には，英英辞書が役立つ．著者らは，Longman 社の "Active Study Dictionary of English" や "Language Activator" を使用している．

補講 1

線形代数の基礎

A 1.1 ベクトルの基本

a. ベクトル量とスカラー量

ベクトル量：速度，力，変位，回転（ベクトルの軸まわりに右ねじの法則に従って回転）など．

スカラー量：速さ，時間，距離，温度など．

b. ベクトルの成分表示（図 A1.1）

$$二次元： \mathbf{u} = (u_x, u_y) \tag{A 1.1}$$

$$三次元： \mathbf{u} = (u_x, u_y, u_z) \tag{A 1.2}$$

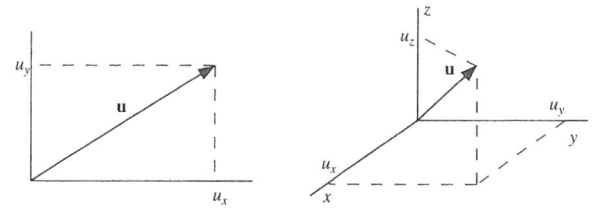

(a) 二次元座標系におけるベクトルの成分　(b) 三次元座標系におけるベクトルの成分

図 **A 1.1** ベクトルの成分表示

(a) ベクトルの加算　　(b) ベクトルの減算　　(c) スカラー量との積

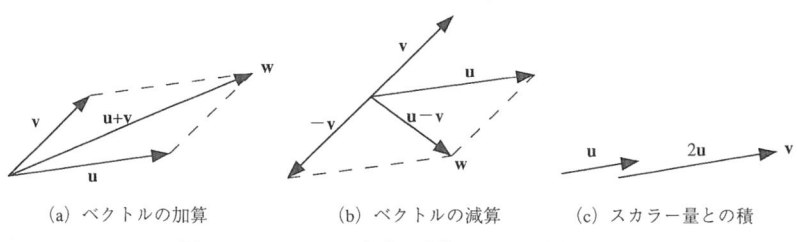

図 **A 1.2** ベクトルの加算，減算，スカラー量との積

c. ベクトルの基本演算（図 A1.2）

　　ベクトルの加算　　　　　$\mathbf{w} = \mathbf{u} + \mathbf{v}$　　　　　　　　　　（A1.3）

　　ベクトルの減算　　　　　$\mathbf{w} = \mathbf{u} - \mathbf{v} = \mathbf{u} + (-\mathbf{v})$　　（A1.4）

　　ベクトル量とスカラー量の積　$\mathbf{v} = a\mathbf{u}$　　　　　　　　　　（A1.5）

d. ベクトルの大きさ

$$\mathbf{u} = (u_x, u_y, u_z), \quad |\mathbf{u}| = \sqrt{u_x^2 + u_y^2 + u_z^2} \qquad (A1.6)$$

e. ベクトルによる回転の表現方法

剛体の回転などは，ベクトルを右ねじにたとえたときに，ねじを回転させる方向と一致．

A1.2　ベクトルの内積と外積

a. ベクトルの内積（scalar product）（図 A1.3）

　　二次元の場合：　$\mathbf{u} \cdot \mathbf{v} = u_x v_x + u_y v_y = |\mathbf{u}||\mathbf{v}|\cos\theta$　　（A1.7）

　　三次元の場合：　$\mathbf{u} \cdot \mathbf{v} = u_x v_x + u_y v_y + u_z v_z = |\mathbf{u}||\mathbf{v}|\cos\theta$　　（A1.8）

b. 内積に関する基本法則

　　　　　　交換則：　$\mathbf{u} \cdot \mathbf{v} = \mathbf{v} \cdot \mathbf{u}$　　　　　　（A1.9）

　　　　　　分配則：　$\mathbf{u} \cdot (\mathbf{v} + \mathbf{w}) = \mathbf{u} \cdot \mathbf{v} + \mathbf{u} \cdot \mathbf{w}$　（A1.10）

　　ベクトルのなす角度と内積：　$\mathbf{u} \cdot \mathbf{v} > 0 \Leftrightarrow 0 \leq \theta < \pi/2$

　　　　　　　　　　　　　　　　$\mathbf{u} \cdot \mathbf{v} = 0 \Leftrightarrow \theta = \pi/2$　　（A1.11）

　　　　　　　　　　　　　　　　$\mathbf{u} \cdot \mathbf{v} < 0 \Leftrightarrow \pi/2 < \theta \leq \pi$

c. ベクトルの外積（vector product）（図 A1.4）

1）二次元の場合　　$\mathbf{u} = (u_x, u_y), \ \mathbf{v} = (v_x, v_y)$　としたとき

$$(\mathbf{u} \times \mathbf{v})_z = u_x v_y - u_y v_x \qquad (A1.12)$$

となる z 方向のベクトル．$|\mathbf{u}||\mathbf{v}|\sin\theta$ の大きさをもち，$\mathbf{u}$ と $\mathbf{v}$ に垂直なベクトルで，その方向は $\mathbf{u}$ から $\mathbf{v}$ へ向けて右ねじを回したときに進む方向．

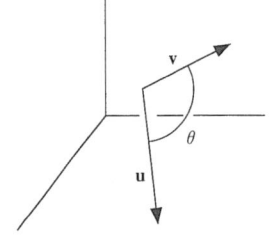

図 **A1.3**　二つのベクトルのなす角度と内積　　　　図 **A1.4**　ベクトルの外積

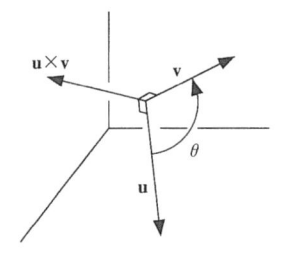

2） 三次元の場合　　$\mathbf{u} = (u_x, u_y, u_z)$, $\mathbf{v} = (v_x, v_y, v_z)$ としたとき

$$\mathbf{u} \times \mathbf{v} = \begin{bmatrix} u_y v_z - u_z v_y \\ u_z v_x - u_x v_z \\ u_x v_y - u_y v_x \end{bmatrix}$$

となるベクトルで，後述する行列式を用いると

$$\mathbf{u} \times \mathbf{v} = \begin{vmatrix} \mathbf{i} & \mathbf{j} & \mathbf{k} \\ u_x & u_y & u_z \\ v_x & v_y & v_z \end{vmatrix} \tag{A 1.13}$$

と表すことができる．

3） 二次元，三次元とも

$$\mathbf{u} \times \mathbf{v} = -\mathbf{v} \times \mathbf{u} \quad (\text{交換則は成り立たない}) \tag{A 1.14}$$

A 1.3　ベクトルの三重積

a. スカラー三重積

$$\mathbf{u} \cdot (\mathbf{v} \times \mathbf{w}) = \mathbf{v} \cdot (\mathbf{w} \times \mathbf{u}) = \mathbf{w} \cdot (\mathbf{u} \times \mathbf{v}) \tag{A 1.15}$$

b. ベクトル三重積

$$\mathbf{u} \times (\mathbf{v} \times \mathbf{w}) = (\mathbf{u} \cdot \mathbf{w})\mathbf{v} - (\mathbf{u} \cdot \mathbf{v})\mathbf{w} \tag{A 1.16}$$

A 1.4　行列と逆行列

a. 行列とベクトル

行列×ベクトル→ベクトル：
$$\begin{bmatrix} a & c \\ b & d \end{bmatrix} \begin{bmatrix} x \\ y \end{bmatrix} = \begin{bmatrix} ax + cy \\ bx + dy \end{bmatrix} \tag{A 1.17}$$

行列×行列→行列：
$$\begin{bmatrix} a & c \\ b & d \end{bmatrix} \begin{bmatrix} e & g \\ f & h \end{bmatrix} = \begin{bmatrix} ae + cf & ag + ch \\ be + df & bg + dh \end{bmatrix} \tag{A 1.18}$$

b. 行列と逆行列

行列 $\mathbf{A}$ の逆行列とは，$\mathbf{A}\mathbf{A}^{-1}$，$\mathbf{A}^{-1}\mathbf{A}$ がともに単位行列になるような行列のことである．たとえば，

$$\mathbf{A} = \begin{bmatrix} a & c \\ b & d \end{bmatrix}, \quad \text{または} \quad \mathbf{A} = \begin{bmatrix} a_{11} & a_{12} & a_{13} \\ a_{21} & a_{22} & a_{23} \\ a_{31} & a_{32} & a_{33} \end{bmatrix} \tag{A 1.19}$$

とすると，逆行列は ($ad - bc \neq 0$, $a_{11}a_{22}a_{33} + a_{21}a_{32}a_{13} + a_{31}a_{12}a_{23} - a_{11}a_{32}a_{23} - a_{21}a_{12}a_{33} - a_{31}a_{22}a_{13} \neq 0$ の場合)，

$$\mathbf{A}^{-1} = \frac{1}{ad-bc} \begin{bmatrix} d & -c \\ -b & a \end{bmatrix} \tag{A1.20}$$

または,

$$\mathbf{A}^{-1} = \frac{\begin{bmatrix} a_{22}a_{33}-a_{32}a_{23} & -(a_{12}a_{33}-a_{32}a_{13}) & a_{12}a_{23}-a_{22}a_{13} \\ -(a_{21}a_{33}-a_{31}a_{23}) & a_{11}a_{33}-a_{31}a_{13} & -(a_{11}a_{23}-a_{21}a_{13}) \\ a_{21}a_{32}-a_{31}a_{22} & -(a_{11}a_{32}-a_{31}a_{12}) & a_{11}a_{22}-a_{21}a_{12} \end{bmatrix}}{a_{11}a_{22}a_{33}+a_{21}a_{32}a_{13}+a_{31}a_{12}a_{23}-a_{11}a_{32}a_{23}-a_{21}a_{12}a_{33}-a_{31}a_{22}a_{13}} \tag{A1.21}$$

で表され,$\mathbf{AA}^{-1}=\mathbf{A}^{-1}\mathbf{A}=\begin{bmatrix}1&0\\0&1\end{bmatrix}$,または $\mathbf{AA}^{-1}=\mathbf{A}^{-1}\mathbf{A}=\begin{bmatrix}1&0&0\\0&1&0\\0&0&1\end{bmatrix}$ になる行列.なお逆行列の分母を行列式と呼び,下記で表す(行列の括弧と縦線のみの違いに注意).

$$\begin{vmatrix} a & c \\ b & d \end{vmatrix} = ad-bc \tag{A1.22}$$

$$\begin{vmatrix} a_{11} & a_{12} & a_{13} \\ a_{21} & a_{22} & a_{23} \\ a_{31} & a_{32} & a_{33} \end{vmatrix} = a_{11}a_{22}a_{33}+a_{21}a_{32}a_{13}+a_{31}a_{12}a_{23}-a_{11}a_{32}a_{23}-a_{21}a_{12}a_{33}-a_{31}a_{22}a_{13} \tag{A1.23}$$

例): $\mathbf{A}=\begin{bmatrix}1&1&-1\\2&1&1\\3&1&2\end{bmatrix}$ とすると,$\mathbf{A}^{-1}=\begin{bmatrix}1&-3&2\\-1&5&-3\\-1&2&-1\end{bmatrix}$ (A1.24)

c. 行列と転置行列

行列 $\mathbf{A}$ の転置行列とは,行列の各成分を,対角線を中心に入れ換えたものである.たとえば,

$$\mathbf{A}=\begin{bmatrix} a & c \\ b & d \end{bmatrix}, \quad \text{または} \quad \mathbf{A}=\begin{bmatrix} a_{11} & a_{12} & a_{13} \\ a_{21} & a_{22} & a_{23} \\ a_{31} & a_{32} & a_{33} \end{bmatrix} \tag{A1.25}$$

の転置行列とは,

$$\mathbf{A}'=\begin{bmatrix} a & b \\ c & d \end{bmatrix}, \quad \text{または} \quad \mathbf{A}'=\begin{bmatrix} a_{11} & a_{21} & a_{31} \\ a_{12} & a_{22} & a_{32} \\ a_{13} & a_{23} & a_{33} \end{bmatrix} \tag{A1.26}$$

で表される.

d. 行列と連立一次方程式

以下に示す三元連立一次方程式を考える.

$$\begin{cases} a_{11}x + a_{12}y + a_{13}z = b_1 \\ a_{21}x + a_{22}y + a_{23}z = b_2 \\ a_{31}x + a_{32}y + a_{33}z = b_3 \end{cases} \tag{A1.27}$$

この連立方程式を行列とベクトルを用いて表すと，

$$\begin{bmatrix} a_{11} & a_{12} & a_{13} \\ a_{21} & a_{22} & a_{23} \\ a_{31} & a_{32} & a_{33} \end{bmatrix} \begin{bmatrix} x \\ y \\ z \end{bmatrix} = \begin{bmatrix} b_1 \\ b_2 \\ b_3 \end{bmatrix} \tag{A1.28}$$

になり，この解を求めるためには，

$$\begin{bmatrix} x \\ y \\ z \end{bmatrix} = \mathbf{A}^{-1} \begin{bmatrix} b_1 \\ b_2 \\ b_3 \end{bmatrix}, \quad \text{ただし} \quad \mathbf{A} = \begin{bmatrix} a_{11} & a_{12} & a_{13} \\ a_{21} & a_{22} & a_{23} \\ a_{31} & a_{32} & a_{33} \end{bmatrix} \tag{A1.29}$$

を計算すればよい．

A1.5 行列と座標変換

二次元座標系における回転を図 A1.5 に示す．

a. 点の回転移動

原点を中心に反時計回りに角度 θ だけ点 P (x_0, y_0) を回転させると，点 P は (x_1, y_1) に移動する．

$$\begin{bmatrix} x_1 \\ y_1 \end{bmatrix} = \begin{bmatrix} \cos\theta & -\sin\theta \\ \sin\theta & \cos\theta \end{bmatrix} \begin{bmatrix} x_0 \\ y_0 \end{bmatrix} \tag{A1.30}$$

b. 座標系の回転

原点を中心に反時計回りに角度 θ だけ座標系を回転させると，点 P (x_0, y_0) は新しい座標系では (x_1, y_1) に移動する．

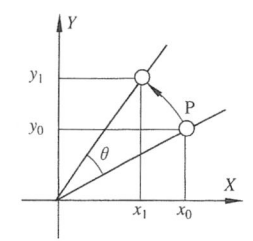

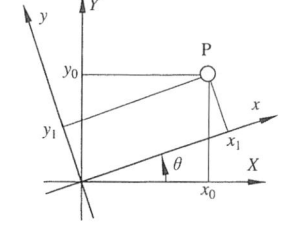

(a) 回転移動による点Pの座標変換　　(b) 座標系の回転による点Pの座標変換

図 A1.5　行列と座標変換

$$\begin{bmatrix} x_1 \\ y_1 \end{bmatrix} = \begin{bmatrix} \cos\theta & \sin\theta \\ -\sin\theta & \cos\theta \end{bmatrix} \begin{bmatrix} x_0 \\ y_0 \end{bmatrix} \qquad (\text{A}1.31)$$

ます
補講 2

数値計算の基礎

　バイオメカニクスにおいてはさまざまな数値データを処理する必要がある．その多くは時間を独立変数とした時系列データである．ここでは，この離散型の時系列データをコンピュータを用いて処理する際の代表的な計算方法（数値計算法）を示すにとどめる．また無理に自作プログラムをつくらず，理論を理解したうえで，Matlab や Mathematica などを使うことを勧める．なお，数学的な原理や数値計算の誤差については，別途参考書を参照のこと．

A 2.1 数 値 微 分

　運動情報から速度を算出するには，座標値を時間で微分する必要がある．数学的に微分計算は，

$$f'(t_i) = \lim_{\Delta t \to 0} \left(\frac{f(t_i + \Delta t) - f(t_i)}{\Delta t} \right) \tag{A 2.1}$$

で定義される．身体運動の分析では，離散時間（一定時間間隔）で行うので，極限計算を行うことができない．そこで図 A2.1 に示すような離散データにおいて以下のよ

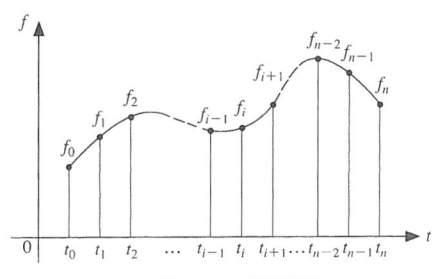

図 **A 2.1**　数値微分

うな数値計算式が提案されている．

a. 3点微分公式

h を時間間隔とすると，

$$f'(t_0) = \frac{1}{2h}(-3f_0 + 4f_1 - f_2) : \quad \text{分析開始点での微分公式} \quad (\text{A}2.2)$$

$$f'(t_i) = \frac{1}{2h}(-f_{i-1} + f_{i+1}) : \quad \text{通常用いる微分公式} \quad (\text{A}2.3)$$

$$f'(t_n) = \frac{1}{2h}(f_{n-2} - 4f_{n-1} + 3f_n) : \quad \text{分析終了点}\, n\, \text{での微分公式} \quad (\text{A}2.4)$$

b. 5点微分公式

h を時間間隔とすると，

$$f'(t_0) = \frac{1}{12h}(-25f_0 + 48f_1 - 36f_2 + 16f_3 - 3f_4) : \quad \text{分析開始点での微分公式} \quad (\text{A}2.5)$$

$$f'(t_1) = \frac{1}{12h}(-3f_0 - 10f_1 + 18f_2 - 6f_3 + f_4) : \quad \text{分析開始1点後の微分公式} \quad (\text{A}2.6)$$

$$f'(t_i) = \frac{1}{12h}(f_{i-2} - 8f_{i-1} + 8f_{i+1} - f_{i+2}) : \quad \text{通常用いる微分公式} \quad (\text{A}2.7)$$

$$f'(t_{n-1}) = \frac{1}{12h}(-f_{n-4} + 6f_{n-3} - 18f_{n-2} + 10f_{n-1} + 3f_n) : \quad \text{分析終了1点前の微分公式}$$
$$(\text{A}2.8)$$

$$f'(t_n) = \frac{1}{12h}(3f_{n-4} - 16f_{n-3} + 36f_{n-2} - 48f_{n-1} + 25f_n) : \text{分析終了点}\, n\, \text{での微分公式}$$
$$(\text{A}2.9)$$

A2.2 数値積分

力積は力を時間で積分したものである．また力学的パワーから仕事を算出するためには，積分処理を行う必要がある．数学的に積分計算は，

$$\int_{t_0}^{t_1} f(t)\,dt = \lim_{dt \to 0} \sum f(t)\,dt \quad (\text{A}2.10)$$

で定義される．そこで図A2.2に示すようなデータにおいては，以下のような数値計算式が提案されている．ただし h を時間間隔とする．

a. 台形公式（図A2.2(a)）

$$\int_{t_0}^{t_1} f(t)\,dt = \frac{h}{2}(f_0 + f_1) \quad (\text{A}2.11)$$

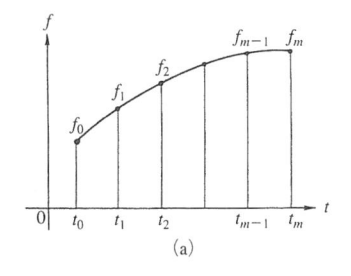

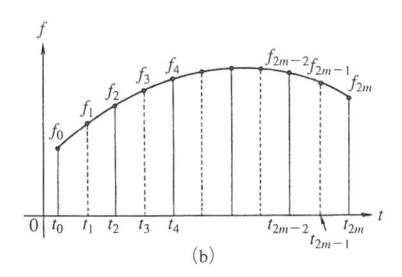

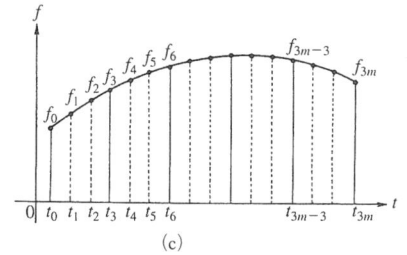

図 A 2.2 数値積分

$$\int_{t_0}^{t_m} f(t)\,dt = \frac{h}{2}\{f_0 + f_m + 2(f_1 + f_2 + \cdots + f_{m-2} + f_{m-1})\} \tag{A 2.12}$$

b. シンプソンの公式（図 A 2.2(b)）

$$\int_{t_0}^{t_2} f(t)\,dt = \frac{h}{3}(f_0 + 4f_1 + f_2) \tag{A 2.13}$$

$$\int_{t_0}^{t_{2m}} f(t)\,dt = \frac{h}{3}\{f_0 + f_{2m} + 4(f_1 + f_3 + \cdots + f_{2m-1}) + 2(f_2 + f_4 + \cdots + f_{2m-2})\} \tag{A 2.14}$$

c. シンプソン 8 分の 3 公式（図 A 2.2(c)）

$$\int_{t_0}^{t_3} f(t)\,dt = \frac{3h}{8}(f_0 + 3f_1 + 3f_2 + f_3) \tag{A 2.15}$$

$$\int_{t_0}^{t_{3m}} f(t)\,dt = \frac{3h}{8}\{f_0 + f_{3m} + 3(f_1 + f_2 + f_4 + f_5 + \cdots + f_{3m-2} + f_{3m-1}) + 2(f_3 + f_6 + \cdots + f_{3m-3})\} \tag{A 2.16}$$

A 2.3 補　間　法

　一般に地面反力などの電気的信号は，A/D 変換器を通してコンピュータに取り込まれる．このときの取り込み周波数（1 秒間当たりのデータ数）は通常 100〜1000（EMGを扱うときは 2000〜5000）であるが，市販のビデオは毎秒 30 フレーム（60 フィール

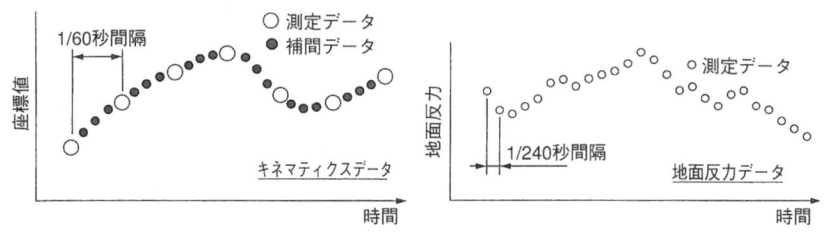

図A2.3 データ補間の必要性

ド）である．これらのデータを統一的に扱うためには，時間軸を統一しなければならない．すなわち図A2.3に示すような補間処理を行う必要がある．

補間にもさまざまな方法があるが，ここでは，線形（一次）補間，ラグランジェ補間，三次スプライン補間を示す．

a. 線形（一次）補間

これは，直線（一次式）による補間方法である．データ点における滑らかさは保証されないが，容易に補間データを算出することができる．時刻 t_i, t_{i+1} におけるデータを f_i, f_{i+1} とすると，時刻 t のデータ $f(t)$ は以下の式で表される．

$$f(t) = \frac{t - t_{i+1}}{t_i - t_{i+1}} f_i + \frac{t - t_i}{t_{i+1} - t_i} f_{i+1} \tag{A 2.17}$$

b. ラグランジェ補間

複数のデータ点を用いて補間する代表的な方法として，以下に示すラグランジェ補間がある．いま $n+1$ 個のデータ点がある場合，$n+1$ 個のデータをすべて通る n 次多項式を求めると，以下の式が得られる．

$$f(t) = L_0(t) f_0 + L_1(t) f_1 + \cdots + L_n(t) f_n \tag{A 2.18}$$

$$L_i(t) = \frac{(t - t_0)(t - t_1) \cdots (t - t_{i-1})(t - t_{i+1}) \cdots (t - t_n)}{(t_i - t_0)(t_i - t_1) \cdots (t_i - t_{i-1})(t_i - t_{i+1}) \cdots (t_i - t_n)} \tag{A 2.19}$$

なお，ラグランジェ補間の特別な場合が a 項の線形補間であると考えてもよい．

c. 三次スプライン補間の基本原理

図A2.4に示すようにデータ点間を三次式で近似し，それぞれの区間を滑らかにつなぐ曲線を考える．ここで「滑らかとは」2回微分まで連続していることを意味する．すなわち，各区間の三次式を

$$z_i(t) = p_i + q_i(t - t_i) + r_i(t - t_i)^2 + s_i(t - t_i)^3 \quad (i = 0, \cdots, n) \tag{A 2.20}$$

とおいたときに

$$z_i(t_{i+1}) = z_{i+1}(t_{i+1}) \tag{A 2.21}$$

$$z'_i(t_{i+1}) = z'_{i+1}(t_{i+1}) \tag{A 2.22}$$

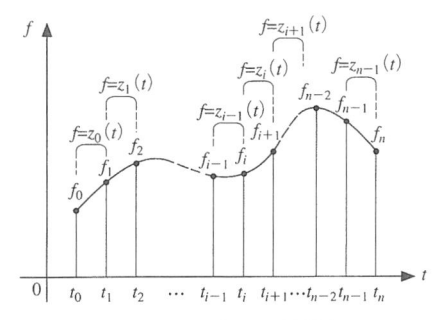

図 A 2.4 スプライン補間法

$$z''_i(t_{i+1}) = z''_{i+1}(t_{i+1}) \tag{A 2.23}$$

が成り立つ必要がある．これらをすべてのデータ点に導出し，連立方程式を解くことで各区間の式(A 2.20)が得られる．ただし，両端の区間においては，隣接するデータ区間がないため，$r_0 = 0$，$r_n = 0$ と仮定する．

d. 三次スプライン補間の方法

① 係数を計算する

$$h_i = t_{i+1} - t_i \tag{A 2.24}$$

$$a_i = h_{i-1} \quad (i = 2, \cdots, n-1) \tag{A 2.25}$$

$$b_i = 2(h_i + h_{i-1}) = 2(t_{i+1} + t_{i-1}) \quad (i = 1, \cdots, n-1) \tag{A 2.26}$$

$$c_i = h_i \quad (i = 1, \cdots, n-2) \tag{A 2.27}$$

$$d_i = \frac{3(f_{i+1} - f_i)}{h_i} - \frac{3(f_i - f_{i-1})}{h_{i-1}} \quad (i = 1, \cdots, n-1) \tag{A 2.28}$$

② 式(A 2.26)〜(A 2.28)を利用して，

$$g_1 = \frac{c_1}{b_1}, \quad u_1 = \frac{d_1}{b_1} \tag{A 2.29}$$

$$g_i = \frac{c_i}{b_i - a_i g_{i-1}} \quad (i = 2, \cdots, n-2) \tag{A 2.30}$$

$$u_i = \frac{d_i - a_i u_{i-1}}{b_i - a_i g_{i-1}} \quad (i = 2, \cdots, n-1) \tag{A 2.31}$$

③ 式(A 2.29)〜(A 2.31)を利用して，

$$r_{n-1} = u_{n-1} \tag{A 2.32}$$

$$r_i = u_i - g_i r_{i+1} \quad (i = 1, \cdots, n-2) \tag{A 2.33}$$

④ 式(A 2.33)を利用して，

$$p_i = z(t_i) \tag{A 2.34}$$

$$q_i = \frac{1}{h_i}\left(f_{i+1} - f_i - r_i h_i^2 - \frac{r_{i+1} - r_i}{3} h_i^2\right) \tag{A 2.35}$$

$$s_i = \frac{r_{i+1} - r_i}{3 h_i} \tag{A 2.36}$$

⑤ $t_i < t < t_{i+1}$ であるとき，

$$z_i(t) = p_i + q_i(t - t_i) + r_i(t - t_i)^2 + s_i(t - t_i)^3 \tag{A 2.37}$$

で求められる．

A 2.4 平滑化手法

ビデオやフィルム画像から身体の計測点の座標をコンピュータに入力する際，ノイズ（誤差）が含まれる．このデータをそのまま分析に用いると，微分処理によってノイズが増幅される．そこで，データのノイズ除去を目的として平滑化を行う必要がある．平滑化手法はさまざま提案されており，ここでは代表的な方法である移動平均法とバターワースディジタルフィルタ（Butterworth digital filter）法を示す．

a. 3点移動平均法

一般的には，測定された信号に対して以下に示すような加重平均を複数回施すことによってノイズを除去する．f_i を時刻 t における計測データとすれば，平滑後のデータ g_i は次式で表される．この方法は，$0.182 \times$（サンプリング周波数）に相当する遮断周波数で平滑化を行ったのと同様の効果が得られる．

$$g_i = \frac{1}{4}(f_{i-1} + 2 f_i + f_{i+1}) \tag{A 2.38}$$

b. 5点移動平均法

5点移動平均法は，3点移動平均法に類似した方法である．$0.131 \times$（サンプリング周

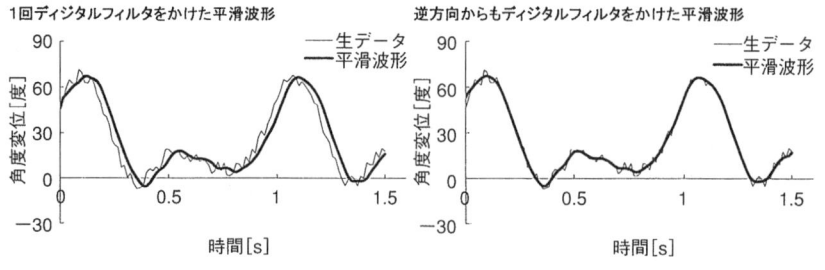

図 A 2.5 巡回形フィルタによる位相のずれ

A2.4 平滑化手法 171

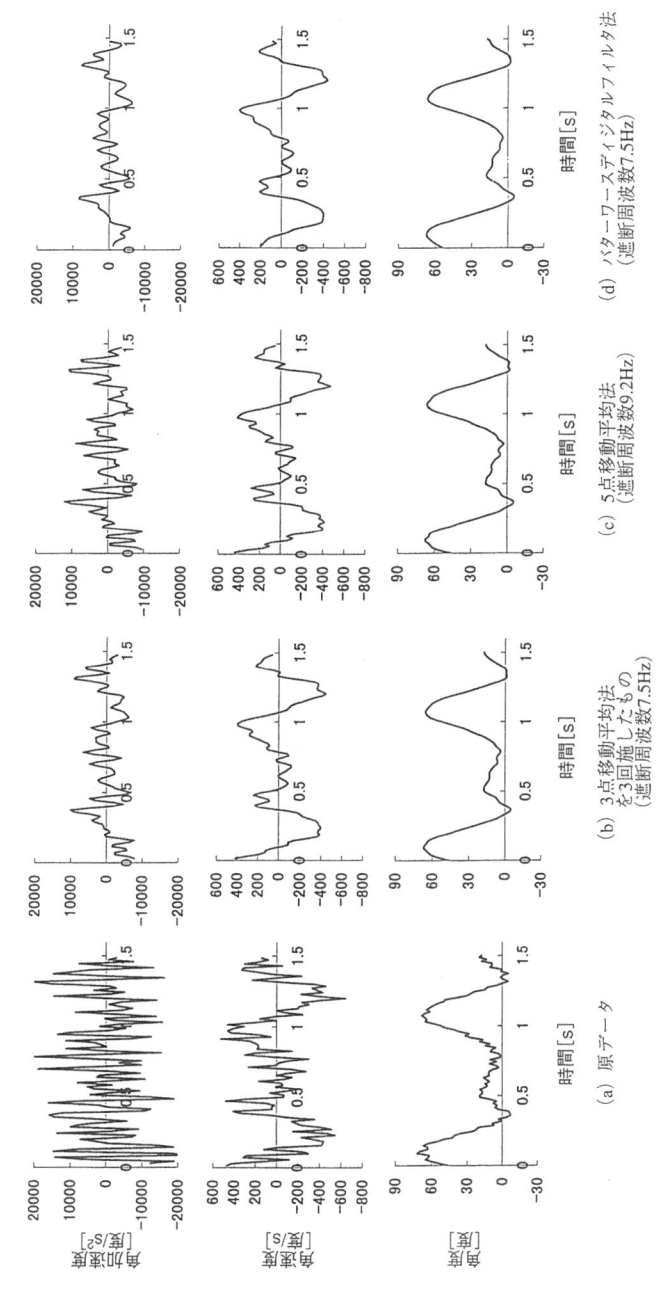

図A2.6 歩行時膝関節角度のフィルタリング結果

(a) 原データ
(b) 3点移動平均法を3回施したもの（遮断周波数7.5Hz）
(c) 5点移動平均法（遮断周波数9.2Hz）
(d) バターワースディジタルフィルタ法（遮断周波数7.5Hz）

波数)に相当する遮断周波数で平滑化を行ったのと同様の効果が得られる．

$$g_t = \frac{1}{16}(f_{t-2} + 4f_{t-1} + 6f_t + 4f_{t+1} + f_{t+2}) \tag{A 2.39}$$

c. バターワースディジタルフィルタ法

F_s, F_c をそれぞれサンプリング周波数と遮断周波数とし，f_t, g_t を時刻 t における計測データと平滑後のデータとすれば，g_t は次式で表される．

$$g_t = a_0 f_t + a_1 f_{t-1} + a_2 f_{t-2} + b_1 g_{t-1} + b_2 g_{t-2} \tag{A 2.40}$$

ただし各データにかかる係数は，

$$\omega_c = \tan\left(\frac{\pi F_c}{F_s}\right) \tag{A 2.41}$$

$$K_1 = \sqrt{2}\,\omega_c \tag{A 2.42}$$

$$K_2 = \omega_c^2 \tag{A 2.43}$$

$$a_0 = a_2 = \frac{K_2}{1 + K_1 + K_2} \tag{A 2.44}$$

$$a_1 = 2a_0 \tag{A 2.45}$$

$$K_3 = \frac{2a_0}{K_2} \tag{A 2.46}$$

$$b_1 = -2a_0 + K_3 \tag{A 2.47}$$

$$b_2 = 1 - 2a_0 - K_3 \tag{A 2.48}$$

d. バターワースディジタルフィルタ法の注意点

バターワースディジタルフィルタ法をはじめとする大部分の巡回形フィルタでは，時間的に対称でないために，入力信号と出力信号の関係がすべての周波数で同じでない．すなわち，多くの場合，図 A2.5 に示すように，望ましくない位相のずれが生じる．位相のずれを除去する簡単な方法は，データを一度フィルタに通してから，そのデータの順序を反転してもう一度同じフィルタに通す方法で，これにより位相のずれは打ち消し合うことになる．ただし，この方法を用いる場合には，フィルタを 2 度通すことにより伝達関数が 2 乗されることを考慮に入れ，遮断周波数を決定しなければならない．たとえば，式(A 2.41)で $\omega_c = 0.3$ の場合，補正係数 0.802 で除した $\omega_c = 0.3/0.802 = 0.374$ をもとに係数 a_0, a_1, a_2, b_1, b_2 を算出し，フィルタを 2 度通すことにより位相のずれのない平滑結果を得ることができる．

なお図 A2.6 に，ノイズを含んだ信号を 3 点移動平均法，5 点移動平均法，バターワースディジタルフィルタ法を用いて平滑化した結果を示す．

索　引

ア　行

アクアティックスポーツ　105
圧力中心　101

位置エネルギー　64, 137
移動座標系　26

浮き身　105
浮き身姿勢　106
動き
　　──の基礎的・要素的原則　112
　　──の基礎になる形態的・機能的制約　112
　　──や局面の統合原則　113
運動依存力　126
運動エネルギー　64
運動学的分析　17
運動技術　3
運動の法則　75
運動量　53, 79
運動量のモーメント　80
運動量保存の法則　54
運動量-力積関係　54, 115
運動連鎖の原則　119

エネルギー吸収性　142
エネルギー消費　145
エネルギー
　　──の転移　125
　　──の伝達　125
円運動　19
遠心力　51

オイラー角　30
応用バイオメカニクス　1

カ　行

外積　160
外的トルク　121
回転移動　163
回転運動　19, 73
回転運動エネルギー　65
回転座標系　50
回転軸　87
回転速度のコントロール　84
回転半径　80
　　──の伸縮動作　117
回転ベクトル　28
回転方向のコントロール　84
回復脚　95
櫂法　109
外力　46
カウプ指数　41
踵安定性　139
学位論文　156
角運動　76
角運動量　77, 79
　　──の伝達　85
角運動量保存の法則　83
角加速度　27

核磁気共鳴映像法　38
角速度　27
角力積　83
仮説　154
仮想筋群　94
加速度　24
　　──の法則　49
加速度計　22, 141
肩関節の外旋　126
緩衝動作　115
慣性主軸　88
慣性特性　8
慣性の法則　49
慣性モーメント　8, 36, 80
関節角度　12
関節トルク　89, 123
関節トルクパワー　93
関節パワー　89
関節力　91, 123
関節力パワー　93, 122
完全反発　57

機械的試験　142
基礎バイオメカニクス　1
キック　110
基底面　74
キネティクス的手法　4
キネティクス的分析　17
キネマティクス的手法　4
キネマティクス的分析　16
逆行列　161
求心力　50, 127

急速解放法　38
行列　161
行列式　75
極座標系　26
曲率　116
曲率半径　116
筋活動　10
筋骨格モデル　21, 90
筋電図　22
筋電図的手法　4
筋放電　22

空気抵抗　97
偶力　48
屈伸系の動き　14

経済性　131
経済速度　137
形状抵抗力　108
撃心　58
結果　156
結論　156
研究課題　3, 154
研究計画　154
研究計画書　155
研究手法　4
研究のすすめ方　4
研究の流れ　154
研究法　4

効果器　14
考察　156
剛体　89
　──の角速度　29
剛体系　83, 89
剛体リンクモデル　20, 67, 89
効率　131
抗力　97
抗力係数　98
股関節屈筋群　90
股関節伸筋群　90
骨格モデル　20
5点移動平均法　171
5点微分公式　166
ゴニオメータ　21

コリオリ力　50
コンピュータ援用エンジニアリング　144
コンピュータシミュレーション　147
コンピュータシミュレーション手法　3

サ　行

最高到達点　60
最長到達点　60
最適化シミュレーション　151
最適化ループ　2
最適設計　149
最適動作　149
サッカーキック　127
　──の効率　134
座標値　24
座標変換　163
作用・反作用の法則　49
三次元運動　96
三次元分析　18
三次スプライン補間　168
3点移動平均法　170
3点微分公式　166

CAE　144
仕事　116
仕事率　123
シザース動作　126
支持脚　90
矢状面　18
姿勢角　101
質点　89
質点系　89
質点モデル　20, 66
質量　8
質量中心　34
シミュレーション　147
地面反力　22, 55, 140
しゃがみ込み動作　113
謝辞　156
修士論文　155
重心位置　36

重心板法　35
重量挙げ　77
重力　34
重力加速度　34
シューズ　139
衝撃緩衝性　139
衝撃の中心　58
衝突　57
正味の推進力　107
緒言　156
身体運動シミュレーション　148
身体重心　34
身体の慣性特性　8
身体の力学的特性　8
身体部分慣性係数　36, 81
身体部分間のエネルギーの流れ　138
身体部分質量比　9
身体部分の質量　36
身体モデル　19
伸張性収縮　10
伸張・短縮サイクル　137
振動系の動き　15
振動板法　38
振動モード　145
シンプソンの公式　167
シンプソン8分の3公式　167

水泳の効率　134
推進力　107
垂直跳び　61, 114
水平面　18
スイング系の動き　14
数学モデル　147
数値積分　166
数値微分　165
スカラー三重積　161
スカラー量　23, 159
スケーリング法　109
スクワット運動　76
スパイク動作　85
スプリント　95
スポーツバイオメカニクス　1
スポーツ用具　139

静止座標系　26
成分表示　159
生理的エネルギー　131
積層楕円板近似モデル　39
セグメントトルク　123
セグメントトルクパワー
　　93, 122
接線力　127
線形（一次）補間　168
線形代数　159
前頭面　18

総括　157
相対速度　98
造波抵抗力　108
層流　97
足背屈筋群　90
足底屈筋群　90
速度　24
卒業論文　155

タ　行

体幹の動き　129
台形公式　166
体操競技　85
打具　143
縦揺モーメント　97
ため　127
単位　66, 69
短距離走　9
短縮性収縮　10
弾性エネルギー再利用説　137
断面積　98

力　44
　──の大きさ　44
　──の作用線　73
　──の作用点　44
　──のつりあい　46
　──の方向　44
　──のモーメント　45, 73
　──や速度の加算　119
力-収縮速度関係　10
長距離走の有効性指数　135

跳躍高　61
直交座標系　23, 28

定性的見積もり　82
ディンプル　100
転置行列　162

投球動作　119, 125, 129
動作学的分析　17
動作範囲　13
動作分析　5
投射角　59, 101
等尺性収縮　10
投射初速度　59
投射体　59
時計回り　74
トルク　73
トレーニング法　12

ナ　行

内積　160
内的トルク　121
内力　46

二次元運動　18
二次元分析　18
ニュートンの運動の法則　49

ハ　行

バイオメカニクス　1
　──の知識体系　112
バイオメカニクス的解釈　94
バイオメカニクス的計測手法
　　3
博士論文　155
走高跳び　77
バターワースディジタルフィ
　　ルタ法　172
抜重効果　116
パドリング法　109
バランス　74
パワー　123
反動動作　113

反時計回り　74
反発係数　57
ハンマー投げ　50
膝関節屈筋群　90
膝関節伸筋群　90
ピストン系の動き　14
ひずみゲージ　22
ビデオ分析　21
ひねり　85
表面抵抗力　108

フィギュアスケート　118
フォースプラットフォーム
　　5, 22
浮心　105
物理振り子法　38, 81
物理モデル　147
部分重心　9
振込動作　113
フリーボディダイアグラム
　　46, 91
浮力　105
文献　156
文献研究　155

平滑化手法　170
平行軸の定理　82
並進運動　19, 73
並進運動エネルギー　65
ベクトル三重積　161
ベクトル量　23, 159
変位　24

砲丸　70
方向余弦　31
放射線照射法　38
放物運動　59
方法　156
補間法　167
保存力　66
ボールキャッチ　55

マ 行

マグヌス効果　102
マグヌス力　102

右手系　23
右ねじ　28
水置換法　38
ミッドソール　140

迎え角　101

目的　156
モーダル解析　143
モデリング　147
モデル　19, 147
モデル化　19
モーメントアーム　74

ヤ 行

有限要素法　144
有効性　131
有効性指数　133

要約　157
揚力　97
揚力係数　100

ラ 行

ラグランジェ補間　168
ランナーの効率　133
ランニング　122
　——の経済性　132
ランニングシューズ　139
乱流　97

力学的エネルギー　64, 70, 116
　——の貯蔵庫　14
　——の流れ　122
力学的仕事　68, 70, 116
力学的仕事能　13
力学的特性　8
力学的パワー　69
力積　53
陸上競技　117
流体の密度　98
流体力　97
臨界速度　99
リンクセグメントモデル　20

レポート　154
連立一次方程式　163

櫓法　109
論議　157
論文　154

著者略歴

阿江通良（あえみちよし）
1951年　兵庫県に生まれる
1982年　筑波大学大学院博士課程体育科学研究科修了
現　在　筑波大学体育科学系教授
　　　　教育学博士

藤井範久（ふじいのりひさ）
1961年　兵庫県に生まれる
1993年　神戸大学大学院自然科学研究科博士課程修了
現　在　筑波大学体育科学系准教授
　　　　博士（学術）

スポーツバイオメカニクス20講　　定価はカバーに表示

2002年12月1日　初版第1刷
2023年3月15日　第19刷

著　者　阿　江　通　良
　　　　藤　井　範　久
発行者　朝　倉　誠　造
発行所　株式会社　朝倉書店
　　　　東京都新宿区新小川町6-29
　　　　郵便番号　162-8707
　　　　電　話　03(3260)0141
　　　　FAX　03(3260)0180
　　　　https://www.asakura.co.jp

〈検印省略〉

© 2002〈無断複写・転載を禁ず〉

Printed in Korea

ISBN 978-4-254-69040-8　C 3075

JCOPY　〈出版者著作権管理機構　委託出版物〉

本書の無断複写は著作権法上での例外を除き禁じられています．複写される場合は，そのつど事前に，出版者著作権管理機構（電話 03-5244-5088, FAX 03-5244-5089, e-mail: info@jcopy.or.jp）の許諾を得てください．

トレーニング科学研究会編

トレーニング科学ハンドブック
（新装版）

69042-2　C3075　　　B5判　560頁　本体22000円

競技力向上と健康増進の二つの視点から，トレーニング科学にかかわる基本的な事項と最新の情報のすべてがわかりやすいかたちで一冊の中に盛込まれている。〔内容〕素質とトレーニングの可能性／トレーニングの原則と実際／トレーニングマネージメント／トレーニングの種類と方法／トレーニングの評価法／トレーニングとスポーツ医学／トレーニングによる生体適応／トレーニングに及ぼす生物学的因子／トレーニングへの科学的アプローチ／トレーニングと疾患／用語解説／他

M.ケント編著　鹿屋体大 福永哲夫監訳

オックスフォード辞典シリーズ
オックスフォード スポーツ医科学辞典

69033-0　C3575　　　A5判　592頁　本体14000円

定評あるOxford University Press社の"The Oxford Dictionary of Sports Science and Medicine (2nd Edition)"（1998年）の完訳版。解剖学，バイオメカニクス，運動生理学，栄養学，トレーニング科学，スポーツ心理学・社会学，スポーツ医学，測定・評価などスポーツ科学全般にわたる約7500項目を50音順配列で簡明に解説（図版165）。関連諸科学の学際的協力を得て，その領域に広がりをみせつつあるスポーツ科学に携わる人々にとって待望の用語辞典

鹿屋体大 福永哲夫編

筋 の 科 学 事 典
―構造・機能・運動―

69039-2　C3575　　　B5判　528頁　本体18000円

人間の身体運動をつかさどる最も基本的な組織としての「ヒト骨格筋」。その解剖学的構造と機能的特性について最新の科学的資料に基づき総合的に解説。「運動する筋の科学」について基礎から応用までを網羅した。〔内容〕身体運動を生み出す筋の構造と機能／骨格筋の解剖と生理／骨格筋の機能を決定する形態学的要因／筋の代謝と筋線維組成／筋を活動させる神経機序／筋収縮の効率／筋と環境／筋のトレーニング／筋とスポーツ／人体筋の計測／筋とコンディショニング

勝田　茂・征矢英昭編

運 動 生 理 学 20 講（第3版）

69046-0　C3075　　　B5判　200頁　本体3200円

新しい知見を入れ第2版を全面改訂。〔内容〕骨格筋の構造と機能／神経筋による運動の調節／筋収縮時のエネルギー代謝／運動時のホルモン分泌／筋の肥大と萎縮／運動と呼吸・心循環／運動と認知機能／運動とサクセスフルエージング／他

前筑波大 勝田　茂監訳　東大 石川　旦訳
身 体 活 動・体 力 と 健 康
―活動的生活スタイルの推進―

69045-3　C3075　　　B5判　292頁　本体6500円

運動不足は心身の機能を低下させ，身体に様々な問題を発生しやすくするが，適度な運動は疾病を防ぎ，心身を良好な状態にする効果がある。本書は健康維持に対する運動の効果について，健康科学，生理学，予防医学などの視点から解説した。

中京大 湯浅景元・順大 青木純一郎・
鹿屋体大 福永哲夫編

体力づくりのための スポーツ科学

69036-1　C3075　　　A5判　212頁　本体2900円

健康なライフスタイルのための生活習慣・体力づくりをテーマに，生涯体育の観点からまとめられた学生向けテキスト。〔内容〕大学生と体力／体力づくりのためのトレーニング／生活習慣と食事／女子学生の体力づくり／生涯にわたる体力づくり

東大 深代千之・中京大 桜井伸二・東大 平野裕一・
筑波大 阿江通良編著
スポーツバイオメカニクス

69038-5　C3075　　　B5判　164頁　本体3500円

スポーツの中に見られる身体運動のメカニズムをバイオメカニクスの観点から整理し，バイオメカニクスの研究方法について具体的に解説。〔内容〕発達と加齢・臨床におけるバイオメカニクス／力学の基礎／計測とデータ処理／解析／評価／他

上記価格（税別）は 2022年 1月現在